SU LEGADO

DR. JAMES DOBSON

Faith
Words

NEW YORK • BOSTON • NASHVILLE

FaithWords
Hachette Book Group
237 Park Avenue
New York, NY 10017
www.faithwords.com

Impreso en los Estados Unidos de América

RRD-C

Primera edición: Septiembre 2014
10 9 8 7 6 5 4 3 2 1

FaithWords es una división de Hachette Book Group, Inc.
El nombre y el logotipo de FaithWords es una marca registrada de
Hachette Book Group, Inc.

El Hachette Speakers Bureau ofrece una amplia gama de autores para
eventos y charlas. Para más información, vaya a
www.hachettespeakersbureau.com o llame al (866)376-6591.

La editorial no es responsable de los sitios web (o su contenido) que no
sean propiedad de la editorial.

ISBN: 978-1-4555-8779-7

Este libro está dedicado a mi bisabuelo,
George Washington McCluskey, a quien nunca conocí.
Sin embargo, siempre estaré en deuda con él.
Él es el gran patriarca de nuestra familia, que nos dejó
el legado de toda una vida.

CONTENIDO

PREFACIO

Su legado es un libro que habla sobre edificar una fe significativa en los niños y transmitirla a futuras generaciones. Para los padres que creen apasionadamente en Jesucristo y anticipan su prometido regalo de la vida eterna, no hay mayor prioridad en la vida que proporcionar una formación espiritual eficaz en el hogar. A menos que seamos exitosos a la hora de presentarle a Él a nuestros hijos, nunca volveremos a verlos después de esta vida. Todo lo demás tiene una prioridad menor, pero asegurar que el bastón de la fe esté en manos de nuestros hijos e hijas es frecuentemente difícil en nuestro mundo actual lleno de conmoción. Ciertamente, hay un implacable tira y afloja produciéndose en busca de sus corazones y mentes. Afortunadamente, no estamos solos en esta tarea. Dios ama a nuestros hijos incluso más que nosotros, y Él es fiel para escuchar y responder nuestras oraciones.

He escrito muchos libros en los últimos cuarenta años, pero *Su legado* es, creo, el más significativo. Proporciona el signo de puntuación para todo lo que ha sucedido antes.

Dr. James Dobson

CAPÍTULO 1

La primera generación

El año era 1862 y la Guerra Civil estaba desgarrando a nuestro joven país. Abraham Lincoln era el presidente recién elegido, y su Ejército de los Potomac perdía una batalla tras otra ante el Ejército Confederado del General Robert E. Lee.[1] Era un periodo convulso para un país que había comenzado con tanta promesa.

El día 15 de noviembre de ese año nació un bebé en la familia McCluskey en Pine Bluff, Arkansas, y le pusieron el nombre de George Washington en honor al padre de nuestro país. El Sr. y la Sra. McCluskey eran cristianos devotos, y su hijo fue educado en el "temor del Señor".

George creció y se casó con Alice Turnell el día 14 de noviembre de 1886. Vivieron felizmente juntos durante cuarenta y nueve años. Él murió a los setenta y dos años de edad, y Alice vivió hasta los noventa y ocho. Ellos llegaron a convertirse en mis bisabuelos. Él fue granjero en las llanuras de Texas durante muchos años hasta que un ministro itinerante llegó a su pueblo. George fue a escucharle predicar y tuvo un encuentro dramático con Jesucristo. En días posteriores, sintió un distintivo "llamado" al ministerio, y pasó el resto de su vida trabajando como evangelista y pastor para numerosas iglesias. "Ganar a personas para Cristo" era su mayor pasión. Medía 1,94 metros de altura, casi la misma altura que Abraham Lincoln.

G. W. McCluskey murió el 14 de noviembre de 1935. Su nieta llegó a ser mi madre, y estaba embarazada de mí de dos meses cuando su abuelo murió. Lamento no haber tenido nunca la oportunidad de conocer a este buen hombre. Como pronto entenderá, ¡le debo mucho!

Alice, a quien conocí como Nanny, ayudó a criarme. Uno de mis primeros recuerdos era estar en una cuna y levantar la vista y ver a la mujer que me sonreía. Ella llevaba un gorro tejido que tenía pompones que colgaban de hilos. Aunque podría ser difícil de creer, tengo vagos recuerdos de estirar mi brazo desde mi diminuta cuna y agarrar esos pompones. No podría haber tenido más de quince meses de edad. Esa presentación de Nanny fue uno de mis primeros destellos de conciencia de mí mismo, y de ello llegaron los comienzos de mi amor por mi bisabuela. Un recuerdo aún más temprano era el de ser sostenido en brazos de alguien, quizá fuese Nanny, que me alimentaba con algo que olía parecido a la comida para bebés conocida entonces como Pabulum. Aún recuerdo cómo sabía (no muy bien).

En años posteriores, Nanny me hablaba con frecuencia acerca de su vida con George. Ella nunca le llamó por su primer nombre, desde luego; siempre se refería a él como "mi esposo", o "tu bisabuelo". Nanny me contaba historias fascinantes acerca de su vida en una cabaña de madera en la frontera, y cómo las "panteras" (leones de la montaña) merodeaban en la noche intentando matar a sus cerdos que gritaban. Mis ojos deberían de haber sido tan grandes como platos cuando la imagen de aquellos grandes felinos se hacía real.

Nanny también me hablaba de la vida de oración de su esposo. Durante las últimas décadas de su vida, este patriarca de la familia oró específicamente por el bienestar espiritual de sus hijos y por los que habrían de venir. Dedicaba la hora desde las 11 hasta las 12 del mediodía todos los días a este propósito. Hacia el final de su vida, dijo que el Señor le había hecho una promesa muy inusual. El reverendo McCluskey había recibido la seguridad de que cada miembro de cuatro generaciones de su familia sería cristiano. Veremos cómo se manifestó esa profecía a lo largo de los siguientes ochenta años y continúa hasta la fecha.

Qué increíble herencia ha sido transmitida en nuestra familia. Es notable pensar que un hombre de setenta y tantos años, a quien yo no conoceré hasta que lleguemos al cielo, estaba de rodillas hablando con Dios acerca de su prole. Ahora, las oraciones de mi bisabuelo alcanzan a cuatro generaciones en el tiempo e influencian nuestras vidas en la actualidad.

En 2012, mi hijo y mi hija, Ryan y Danae, fueron conmigo a encontrar la tumba de los McCluskey por primera vez. La localizamos en Placid, Texas, a una hora de distancia en coche de Austin. Hay solamente treinta y dos personas que viven en Placid en la actualidad, la mayoría de ellos ancianos. No hay ninguna tienda ni negocios que continúen en ese lugar. Sigue estando una vieja escuela de ladrillo donde los niños en un tiempo aprendían, reían y jugaban. Ahora está decrépita y abandonada. Una pequeña tienda destartalada ha sobrevivido pero está cerrada. Es ahí donde las personas antes compraban provisiones y jugaban al dominó en el pasado distante. Una oxidada bomba de gasolina Conoco está en el frente. Nos abrimos camino hasta el otro lado de lo que solía ser una ciudad y encontramos un cementerio abandonado. Dieciocho miembros de la familia McCluskey están enterrados allí. Entre ellos están las tumbas de mi bisabuelo George y de su esposa, Alice (Nanny). Su lápida tiene una inscripción con las siguientes palabras: "George McCluskey. Murió como vivió: un cristiano". ¡Qué sutileza!

Nos arrodillamos ante las tumbas y cada uno de nosotros oró porque parecía terreno santo. Cada uno de nosotros dio gracias al Señor por la vida de aquellos piadosos ancestros y por las oraciones de mi bisabuelo. Mientras Danae estaba orando, apareció un hermoso arco iris encima de nosotros. Corrían lágrimas por sus mejillas mientras hablaba desde el corazón. Un cuidador nos dijo que es extraño ver una escena tan hermosa en este campo tan seco. Ryan fue el último en orar, y dio gracias al Señor por las cuatro generaciones de nuestra familia que han vivido para Jesucristo, cada una en su época. Ryan dijo que George McCluskey habría querido saber que Danae y él también servían a Cristo, y como tales, son miembros de la quinta generación. Ryan y su esposa, Laura, están enseñando a sus dos hijos a que amen a Jesús también. Ellos pronto ocuparán sus lugares como representantes de la sexta generación. Qué poderosas son las oraciones de un hombre cuyas peticiones han alcanzado a sus hijos, nietos, bisnietos, tataranietos y trastataranietos. Nosotros somos los beneficiarios de su devoción.

Hebreos 12:1 nos dice que estamos rodeados por una gran nube de testigos. Siempre me he preguntado quién está en esa nube. ¿Son los patriarcas de la Biblia, o son los otros santos que han ido antes, o quizá ángeles que nos están mirando? No lo sé. Dejaré que sean los teólogos quienes lo interpreten por nosotros. Pero me gustaría pensar que los McCluskey están observando desde arriba. Sin embargo, hay una cosa que sé. Volveremos a verlos de nuevo.

¿Ha pensado acerca del legado que quiere dejar a sus

hijos y a generaciones por venir? Esa es una pregunta que todo padre y madre cristianos deberían considerar. Las implicaciones de ella son asombrosas. Si el objetivo de vivir es transmitir una herencia de fe a aquellos a quienes ama y estar con ellos por toda la eternidad, sugiero que sea intencional en cuanto a prepararlo ahora.

Eso es lo que quiero compartir con usted en las páginas que siguen.

CAPÍTULO 2

La segunda generación

Si alguna vez ha visto competiciones de atletismo en pista y campo, sabe que las carreras de relevos por lo general se ganan o se pierden cuando se entrega el testigo. Un corredor en raras ocasiones deja caer el premio en la parte de atrás de la pista. El momento crítico se produce cuando está en la última vuelta y se prepara para entregar el testigo al siguiente corredor. Si cualquiera de ellos tiene dedos torpes y no completa una entrega segura, su equipo normalmente pierde.

Lo mismo sucede con la vida cristiana. Cuando los miembros de una generación están comprometidos con el evangelio de Jesucristo y están decididos a terminar fuerte, rara vez dejan caer el testigo. Pero hacer la entrega con seguridad en manos de los niños puede ser difícil y arriesgado. Es entonces cuando los compromisos cristianos entre generaciones pueden dejarse caer. No es siempre culpa de los padres. Algunos jóvenes corredores se niegan a estirar el brazo y agarrar el testigo. En cualquiera de los casos, no hay nada más trágico que no poder entregar el testigo a quienes vienen detrás.

Permítame decir cómo se realizó la entrega de la fe cristiana entre George y Alice McCluskey y sus hijos. Recientemente descubrimos dos amarillentas biografías que ahora atesoro. La primera describe a mi bisabuelo, y la segunda a mi abuelo, ambos por parte de mi madre. Mi hija descubrió esos documentos cuando estaba buscando en cajas de recuerdos familiares. Revelan algunas de las historias y la información factual que compartí anteriormente. Fueron escritas por dos contemporáneos en viejas máquinas de escribir, hace ochenta y sesenta y nueve años. Fueron escritas a mano, con anotaciones de testigos en los márgenes. ¡Son un gran tesoro!

Los McCluskey tuvieron dos hijas que sobrevivieron a la niñez. Se llamaban Bessie y Allie. Bessie llegó a ser mi abuela y Allie mi tía abuela. Ambas entregaron sus corazones al Señor la misma noche, y a su tiempo, cada una de ellas se casó con un predicador. En unos momentos hablaré de sus viajes. Bessie y Allie tuvieron cinco hijos entre las dos, cuatro muchachas y un muchacho. Las cuatro muchachas se casaron con predicadores, y el muchacho llegó a ser predicador. Las oraciones de mi bisabuelo estaban siendo respondidas año a año.

Pero antes, permítame relatar la notable historia de Michael Vance Dillingham, que fue mi abuelo materno. Medía 5 pies y 2 pulgadas (1,57 metros), y su familia más adelante le llamaría "Papito". De ese modo le conocí. M.V. fue un poco granuja en sus primeros años. Bebía y jugaba mucho. Su biógrafo le describía de esta manera:

En algún momento antes del año 1900, en Comanche County, Texas, un grupo de personas temerosas de Dios se unieron para orar por los "perdidos" (no salvos) que les rodeaban. El primero en esa lista estaba Michael Vance Dillingham (también llamado Mike o M.V.). Él era el instigador de las "fiestas" durante toda la noche en la comunidad, refiriéndose a juegos de cartas, bebida y otras diversiones mundanas de esa época. Ellos sentían que si de algún modo Dillingham se convertía en cristiano, otros le seguirían. Sin embargo, Mike no tenía el menor interés en su bienestar espiritual. Era un viudo despreocupado y amante de la diversión cuando tenía treinta y tantos años.[1]

Tras la muerte de su primera esposa, M.V. se enredó en una amarga disputa con su anterior yerno, probablemente por una deuda de juego no pagada. Su odio por este hombre era tan intenso que compró una pistola y decidió matarle cuando le viese. Una noche, M.V. agarró la pistola y se propuso asesinar a su yerno. Cuando atravesaba un oscuro camino, pasó al lado de un servicio de avivamiento que presentaba la predicación de un ministro ungido.

Los cristianos que habían estado orando por M.V. habían patrocinado una serie de reuniones en la noche en su pequeño pueblo de Texas. Su primer desafío fue el de encontrar una estructura en la cual poder adorar. Juntos construyeron lo que se conocía como una "armadura de broza". Estaba hecha de pequeños palos clavados hacia arriba en el terreno, con ramas situadas en la parte de arriba. Se construyeron toscas bancas como asientos, y se situó un altar hecho a mano en el frente. Para tener música, había mujeres que tocaban himnos en chirriantes órganos de tubos y proporcionaban acompañamiento para los cantos y la música especial. Faroles iluminaban la construcción en la noche.

Mi abuelo se detuvo en el camino fuera de la estructura. Le divertía el espectáculo, y se quedó con otros que se burlaban entre las sombras. Pero el sermón y la música avivaron algo en lo profundo de su alma. Él no había oído el evangelio nunca antes. Aunque no tenía intención alguna de entrar en ese servicio, se vio atraído a hacerlo. M.V. Se acercó hasta la entrada de la estructura y después continuó andando por un pasillo de aserrín. Se arrodilló ante el altar y lloró mientras se arrepentía de sus pecados. El biógrafo dijo que se situó "boca abajo" delante del altar mientras suplicaba perdón a Dios.

M.V. entonces sacó la pistola de su cinturón y la puso sobre el altar. Se puso de pie, de cara a la pequeña congregación, y les dijo a todos que había sido perdonado y que era un hijo de Dios. Confesó su odio por su yerno, pero dijo que no tenía otra cosa sino amor por él en su corazón. Más adelante diría: "Podría haber entregado mi vida por él allí mismo".

Dillingham dejó la pistola en el altar, y nunca la recuperó. Poco tiempo después, aceptó un llamado a predicar y comenzó a compartir las "buenas nuevas" con cualquiera que le escuchara. En años subsiguientes testificaba y exhortaba dondequiera que iba. Su transformación fue completa. El apóstol Pablo escribe en 2 Corintios 5:17: "De modo que si alguno está en Cristo, nueva criatura es; las cosas viejas pasaron; he aquí todas son hechas nuevas". Mi abuelo se convirtió en esa "nueva criatura" aquella noche en una estructura de broza.

Es aquí donde la mano del Señor intervino de modo dramático en nuestra familia. George McCluskey y su esposa estaban a muchas millas de distancia, pero también estaban haciendo todo lo posible para llevar personas a Cristo. George seguía siendo granjero en San Saba County, Texas, pero decidió realizar una reunión de avivamiento en el pueblo local. Comenzó construyendo…lo habrá adivinado…una estructura de broza. Aunque no conocía a Michael Dillingham, George McCluskey había oído sobre la conversión espiritual del joven. Le escribió invitándole a predicar y cantar en su reunión de avivamiento. M.V. aceptó la petición, y aquella fue la primera vez que mi futuro bisabuelo conoció a mi futuro abuelo. Ambos unieron fuerzas en una causa común y sirvieron juntos a Cristo durante muchos años.

Además de eso, M.V. se enamoró de Bessie. Ella era la hija mayor de George y Alice, a quien más adelante llamaríamos "Big Mama" con una buena razón. Se casaron después de un noviazgo de cinco años. Así, fue establecida mi genealogía. Imagine las consecuencias para mi familia si M.V. hubiera disparado a su yerno la noche en que entregó su corazón al Señor.

M.V. y Bessie ("Papito" y "Big Mama" para nuestra familia) se propusieron servir juntos al Señor, pero no tenían ninguna educación formal ni enseñanza teológica. Mi abuelo sabía que necesitaba ayuda. En una ocasión vio un anuncio que ofrecía información sobre cómo predicar por el precio de un dólar. M.V. envió el dinero y recibió su recomendación por escrito: "Tenga algo que decir, dígalo y siéntese". Él dijo que ese fue el mejor consejo que recibió nunca.

Los Dillingham tenían pocos de los recursos o comodidades de este mundo. Iban a comunidades a predicar, con frecuencia sin invitaciones o lugares donde quedarse, y ciertamente sin promesa alguna de remuneración. Cuando iglesias y escuelas estaban cerradas para ellos, adoraban en hogares, rentaban edificios vacíos o también oraban en estructuras de broza. Sus espíritus eran intrépidos y valerosos, aunque hubo muchas veces en que no sabían de dónde llegaría su próxima comida. Cuando no tenían alimentos a su disposición, ayunaban y oraban.

A veces, les tiraban fruta muy madura y huevos estropeados desde la oscuridad de las sombras, pero eso no les desalentaba. Realizaban reuniones en la calle, cantaban cantos, tocaban chirriantes órganos y rasgaban guitarras desafinadas en Texas, Oklahoma, Arkansas y Nuevo México. Viajaban en polvorientos trenes, a caballo, en calesas y en carretas muy movidas. Pero también predicaban a grandes multitudes con mucho éxito. A medida que pasaban los años, tuvieron diez pastorados desde 1908 hasta 1944, cuando el reverendo Dillingham murió. Sus iglesias crecieron rápidamente y las personas respondieron a las sencillas verdades de la Escritura.

Francamente, me avergüenza admitir lo rápidamente que algunos de nosotros en la actualidad nos quejamos por la crítica y la persecución debido a nuestras creencias cristianas. Conocemos muy poco de las privaciones que sufrieron nuestros ancestros. La mayoría de ellos nunca vacilaron en su fe o en su misión. Esta es la herencia transmitida desde mis antepasados.

El "cumplimiento" de la promesa hecha a George McCluskey siguió correctamente el calendario. Hasta entonces, cada miembro de dos generaciones no solamente era creyente en Cristo, sino que cada uno era predicador o estaba casado con uno. Y aún quedaban dos generaciones por llegar.

CAPÍTULO 3

La tercera generación

Los Dillingham tuvieron tres hijas a lo largo del camino. Otra murió en la infancia. Las niñas eran "hijas de predicador", que no es una manera fácil de criarse. Mi madre era la segunda entre ellas, y era una niña de voluntad bastante fuerte. Llegó a ser incluso más dura cuando era adolescente y una joven adulta. Había oído toda la historia acerca de las oraciones de su abuelo, y prometió que ella nunca se casaría con un ministro.

Una persona debería tener mucho cuidado en cuanto a decirle a Dios lo que hará o no hará. En su momento, mi madre llegó a entender la necedad de esa afirmación.

Eso hace entrar la historia de mi padre en el cuadro por parte del lado Dobson de la familia. Cuando él era un bebé, fue dedicado en un altar una noche por un ministro muy respetado llamado Doctor Godby. Había predicado ese domingo en la mañana, y después se quedó en la plataforma toda la tarde orando por el servicio de la noche. Aquella noche, Jimmy fue llevado al altar y situado en brazos del Doctor Godby. El anciano ungió la cabeza del bebé con aceite y oró por él. Entonces el ministro dijo: "Este pequeño crecerá y predicará el evangelio de Jesucristo por todo el país". No había ningún otro ministro en la familia Dobson. Aquella palabra profética del reverendo Godby fue relatada a Jimmy cuando creció, pero hasta donde yo sé, nunca antes.

Cuando mi padre tenía seis años, le dijo a su familia que quería ser artista. Él era el único miembro de los cinco hijos de los Dobson que supo desde la niñez lo que quería hacer con su vida, pero Jimmy fue enfático con respecto a sus planes. Durante la escuela elemental y hasta bien entrada la secundaria, nunca vaciló; quería ser un artista clásico, a la manera de Miguel Ángel, Leonardo, Rafael, Rembrandt, y los otros legendarios pintores y escultores a lo largo de la historia. El arte era la pasión de su vida.

Jimmy tenía diecisiete años, iba caminando a la escuela un día cuando, de la nada, el Señor le habló. Le dijo: "Quiero que prediques el evangelio de Jesucristo por todo el mundo". No fue dicho con una voz audible, desde luego, pero el joven sabía que le habían hablado.

Mi papá estaba aterrado. Dijo: "¡No, Señor! ¡No! ¡No! ¡No! Ya tengo mi vida planeada. Habla a uno de mis cuatro hermanos. Ellos no saben lo que quieren hacer en la vida. Mi curso está establecido".

Jimmy intentó desalentar lo que seguía siendo un "llamado" irreprimible. Lo dejaba todo zanjado y lo apartaba, pero seguía regresando incluso con más fuerza que antes. No podía librarse de ello. No le habló a nadie sobre su conflicto interior excepto a su piadosa madre, y ella no lo creía. Me pregunto si ella recordaba las palabras proféticas del Doctor Godby.

El segundo año de Jimmy en la secundaria fue un periodo de confusión. A medida que se aproximaba la graduación, su padre se acercó a él y le dijo: "Escoge cualquier universidad en el país a la que quieras asistir, y te enviaré allí". El abuelo Dobson poseía partes de plantas de Coca-Cola entre otras empresas, y era muy exitoso económicamente. Aunque ganaba mucho dinero, R. L. Dobson nunca renunció a su empleo como conductor en el ferrocarril Kansas City Southern Railroad.

Mi papá era el menor de cinco hermanos, y los otros cuatro habían estudiado en universidades cuando papá estaba en la secundaria. Uno de ellos, Willis, más adelante obtuvo una licenciatura en inglés de Shakespeare de la Universidad de Texas y fue director del Departamento de inglés de una universidad cristiana durante cuarenta años. Entregó su vida a Cristo cuando tenía nueve años de edad y nunca se apartó hasta que murió un domingo en la mañana a los setenta y cuatro años de edad. Hacia el final de su vida, Willis fue un hombre compasivo y piadoso que era amable y atento con todos. Regularmente servía botellas frías de Coca-Cola a los recogedores de basura en los calurosos días de verano. A los setenta años, realizaba un servicio de recogida con su auto, llevando a "ancianos" de ida y regreso a la iglesia. En una ocasión le regaló su abrigo totalmente nuevo a una persona sin hogar que se encontró en la calle. Dijo que fue "porque yo tenía dos abrigos, y él no tenía ninguno". Su hijo, que estaba con él cuando hizo el regalo, lloraba mientras me contaba la historia.

Ni Willis ni sus hermanos sabían nada del dilema que estaba afrontando Jimmy. ¿Iba a estudiar en el seminario, tal como sabía que Dios quería, o iba a matricularse en una escuela para prepararse para una carrera en el arte? Tenía que decidir, pero la batalla interior era intensa. Una mañana se levantó de la cama y, cuando sus pies tocaron el piso, pareció consciente de la voz del Señor una vez más. Decía: "Hoy, tomarás tu decisión". Jimmy fue a la escuela esta mañana en un estado de depresión. No podía pensar en ninguna otra cosa mientras iba de clase en clase. Después de la escuela, regresó caminando a casa aún desesperado. ¿Qué debía hacer?

Se encontró con la casa vacía esa tarde y comenzó a orar con respecto a la decisión. Estaba en la sala de lo que todos llegamos a conocer como "la casa grande". Paseaba de un lado a otro, orando mientras sopesaba sus alternativas. Entonces, de repente, como él mismo describiría más adelante, levantó su vista al cielo y dijo en voz alta: "¡Es un precio demasiado grande, y no lo pagaré!". Había un tono de desafío en su voz. Él dijo que el Espíritu del Señor le dejó como una persona que se aleja caminando de otra.

Unos minutos después, llegó a casa la mamá de mi papá. Ella era una madre que pesaba 97 libras (44 kilos) a quien llamábamos "Mamita". Encontró a su hijo pequeño pálido y conmovido; le temblaban las manos.

"Cariño, ¿qué pasa?", le preguntó.

Jimmy intentó hablarle sobre su lucha con un llamado a predicar, pero ella no le dio importancia. Le dijo: "Ah, es que te sientes emocional. Vamos a orar al respecto". Se arrodillaron juntos y "Mamita" comenzó a orar por su hijo. Ella era una "guerrera de oración", pero esta vez los cielos eran de hierro por encima de su cabeza. Unos tres minutos después, ella se detuvo en mitad de una frase.

"No lo entiendo", dijo. "No puedo orar por ti. Algo va mal".

Mi papá respondió: "No lo entiendes, mamá, pero yo sí. Acabo de decir no a Dios, y Él se ha ido".

Hay numerosas referencias en la Escritura a hombres que fueron llamados por Dios para propósitos concretos, pero se negaron. Moisés fue uno de los primeros. Jehová le habló desde una zarza ardiente y le ordenó que sacara a los hijos de Israel de la esclavitud en Egipto. Pero Moisés tuvo la temeridad de argumentar con el Santo de Israel; le ofreció una pobre excusa: "¡Ay, Señor! nunca he sido hombre de fácil palabra, ni antes, ni desde que tú hablas a tu siervo; porque soy tardo en el habla y torpe de lengua" (Éxodo 4:10).

¿Le ha dicho alguna vez a Dios que Él estaba siendo irrazonable cuando le pidió que hiciera algo? Yo lo he hecho, y es un asunto arriesgado. Leemos en Éxodo:

> Y Jehová le respondió: ¿Quién dio la boca al hombre? ¿o quién hizo al mudo y al sordo, al que ve y al ciego? ¿No soy yo Jehová? Ahora pues, ve, y yo estaré con tu boca, y te enseñaré lo que hayas de hablar. (Éxodo 4:11-12).

Sorprendentemente, Moisés siguió objetando, diciendo: "¡Ay, Señor, por favor envía a otro!". Entonces el enojo del Señor ardió contra Moisés (Éxodo 4:13-14).

Otros patriarcas de la Biblia inicialmente dijeron "no" al Todopoderoso. Jacob peleó toda la noche con un ángel de Dios.[1] Gedeón se negó a dirigir a los ejércitos de Israel contra los madianitas hasta que finalmente se rindió. Solamente con 300 hombres ganó una asombrosa victoria contra 180.000 soldados armados.[2] Jonás no estaba dispuesto a predicar al malvado pueblo de Nínive e intentó huir de Dios. Poco después se encontró en el vientre de un "gran pez" y cambió de opinión.[3]

Ha habido millones de cristianos en tiempos más recientes que también han argumentado con Dios. El Dr. Jim Kennedy fue uno de ellos. Se negó a un llamado a predicar porque quería ser profesor de baile para los estudios de danza de Arthur Miller. ¡Imagine eso! Huyó de Dios durante más de un año antes de rendirse. Después fue al seminario y se convirtió en un pastor muy querido y respetado de la iglesia Coral Ridge Presbyterian en Ft. Lauderdale, Florida. También fundó un programa de testimonio llamado Evangelismo Explosivo, mediante el cual más de seis millones de personas acudieron a Cristo. Kennedy casi se perdió el llamado de toda una vida.[4]

Mi papá era igual de testarudo. Se salió con la suya y se matriculó en el prestigioso Art Institute de Pittsburgh. Resultó ser un joven con mucho talento. Jimmy Dobson se graduó el primero de su clase. En la mañana de la graduación, sus pinturas estaban situadas en caballetes por toda la plataforma, cada una con la designación "Número 1". Mientras él recorría el pasillo para recibir el honor, un versículo de la Escritura se hizo eco desde su niñez: "Si Jehová no edificare la casa, en vano trabajan los que la edifican" (Salmos 127:1).

Papá regresó de Pittsburgh a la casa de sus padres en Shreveport, Louisiana, en busca de un sueño. Sin embargo, la Gran Depresión había caído sobre la economía estadounidense y no había empleos disponibles. Jimmy no sólo no pudo encontrar un empleo como artista, sino que tampoco fue capaz de asegurarse ningún tipo de trabajo. Pasaron semanas y meses sin éxito. Finalmente, fue contratado por una pequeña gasolinera de Texaco en las afueras de la ciudad donde apenas pasaban automóviles. Le pagaban un dólar al día por echar gasolina, limpiar baños y limpiar grasa de los pisos. Mi papá se refería a ese periodo como sus días de "esclavitud egipcia". El Señor le tuvo en ese trabajo sin salida durante siete años hasta que mi papá se hartó de sí mismo y de sus grandes sueños.

Entonces Jimmy conoció a una bonita muchacha llamada Myrtle Georgia Dillingham. Algunos dicen que en la década de 1920 ella se parecía a la joven actriz Clara Bow. Conocerla fue lo único emocionante que sucedió en la vida de mi papá, y él estaba loco por ella. Desgraciadamente, ella no sentía lo mismo por él. Él la persiguió sin éxito alguno durante meses. Finalmente, su relación llegó a un punto de crisis una noche en casa de los padres de ella. Él estaba intentando ganarse su afecto pero ella le trataba con rudeza. Mi papá era un hombre orgulloso, y finalmente tuvo suficiente. Jimmy la miró fijamente a los ojos por un momento sin hablar. Era su manera de decir: "adiós, cariño". Entonces salió por la puerta. Ella sabía que le había presionado demasiado y que no regresaría. Mi futura existencia colgaba en la balanza. ¿Lo entiende?

Mi papá medía 1,90 metros y siempre caminaba con rapidez. Estaba lloviendo, y Myrtle salió corriendo tras él. Estaba descalza, y él oyó el chapoteo de sus pies acercándose a él desde detrás. Ella se puso a su altura a una manzana de su casa. En ese momento, mientras la lluvia les dejaba empapados a los dos, ella se enamoró locamente de James C. Dobson. Le adoró durante el resto de su vida.

Jimmy y Myrtle querían casarse, pero era imposible sobrevivir económicamente como pareja. Mi papá apenas tenía suficiente dinero para poder comer él mismo, y mucho menos para sostener a una esposa. Decidieron casarse en secreto para así poder seguir viviendo con sus padres. Pasaron tres meses antes de que sus familias supieran que eran esposo y esposa.

Una noche, cuando mi padre estaba visitando a su esposa secreta en la casa de sus padres, mi abuelo comenzó a preocuparse sobre lo que la pareja estaba haciendo en la sala. Salió por la puerta trasera y se situó junto a una valla desde donde podía mirar por la ventana. Quedó asombrado de ver a Jimmy y Myrtle besándose y abrazándose. Entró rápidamente por la puerta principal y acusó a mi papá de tomarse libertades con su hija. Fue una gran sorpresa para Papito descubrir que su querida hija estaba casada, y que el hombre que se había estado "tomando libertades" era su yerno. M.V. pronto aprendió a querer a Jimmy Dobson como su propia sangre y carne, pero él y Bessie se sintieron bastante molestos al principio. ¿Cómo podría ese empleado de Texaco ocuparse de su hija, especialmente cuando ni siquiera podía permitirse rentar un apartamento?

Sorprendentemente, mi papá no le había hablado a "Myrt" (su apodo para ella) de su llamado a predicar. Ese era un oscuro secreto en el que no quería ni siquiera pensar. También sabía que ella probablemente no se habría casado con él si hubiera sabido que él podía llegar a ser predicador, como el resto de los hombres en su familia. Por lo que Myrtle sabía, era la esposa de un "artista hambriento" que tenía planes de una futura grandeza. Ellos no asistían a la iglesia ni vivían una vida cristiana comprometida. Entre sus amigos en la iglesia les habrían llamado "apartados".

En aquella misma época, una iglesia local había programado una reunión de avivamiento en Shreveport y habían llamado al Rev. Bona Fleming como evangelista. No había televisión ni la internet en aquellos tiempos, y una reunión de avivamiento en una iglesia creciente y de buena asistencia causaba bastante conmoción. La familia Dobson también seguía el evento con interés. Los hijos adultos decidieron reunirse en la casa de sus padres y asistir juntos al servicio de la noche. Cuando llegó el momento de irse, cuatro hijos, su hermana y su madre se metieron en el auto familiar. Entonces, Willis notó que Jimmy no estaba con ellos.

Dijo: "Oigan, ¿dónde está Jim? No está en el auto".

Willis salió y fue a buscar a su hermano menor. Buscó por toda la casa, llamándole por su nombre. Mi papá estaba escondido en el porche lateral, sentado en un columpio. Finalmente, Willis le encontró. Se acercó y se puso delante de Jimmy, quien tenía la cabeza agachada.

Le dijo: "Jim, ¿no vas a venir con nosotros al servicio esta noche?".

"No, Willis", dijo mi papá sin levantar la vista. "No voy a ir esta noche, y *nunca más* voy a volver a ir".

Willis, que tenía un gran amor por el Señor, no dijo nada. Mientras mi papá seguía sentado con su cabeza agachada, vio que grandes lágrimas caían sobre los zapatos de su hermano.

Mi papá fue tocado y se dijo para sí: "Si Willis se interesa tanto por mí, iré porque él quiere que vaya".

Debido a que Jimmy había hecho que todos llegasen tarde, el servicio ya había comenzado cuando entraron los Dobson. La iglesia estaba completamente llena a excepción de algunos asientos en la primera fila. Una joven estaba cantando mientras ellos recorrían el pasillo, y la letra se hizo eco en el corazón de mi papá. De repente, él se rindió. La lucha había terminado. Dijo: "Muy bien, Señor. Haré lo que tú quieras. Si me pides que renuncie a mis sueños de ser un artista y me convierta en predicador, lo haré. Estoy cansado de huir. Puedes contar conmigo". Estaba llorando cuando llegó a la primera fila.

La cantante terminó y se sentó. El Reverendo Fleming percibió que algo importante había tenido lugar en el joven que estaba sentado delante de él. Se acercó al borde de la plataforma, puso su pie sobre el altar y se inclinó hacia adelante. Entonces señaló directamente a mi papá y dijo:

"Usted, joven. ¡El que está ahí. ¡Levántese!".

Jimmy se puso de pie obedientemente.

"Ahora quiero que les diga a todas estas personas que están aquí esta noche lo que el Señor hizo con usted mientras la joven estaba cantando".

Mi papá se dio la vuelta y le habló a la multitud, lo mejor que pudo, acerca de su rendición a la voluntad del Señor. Podría decirse que aquel fue su primer breve "sermón". Durante el resto de su vida estuvo comprometido en cuerpo y alma con Jesucristo.

Entonces regresó a su hogar, a su diminuto apartamento, y le dijo a su nueva esposa que ciertamente ella se había casado con un predicador. Para mérito de ella, también entregó su corazón al Señor y estuvo al lado de su esposo en el ministerio durante los siguientes cuarenta y tres años. Nunca la oí quejarse una sola vez sobre ser esposa de un predicador. Una mujer puede apoyar o quebrantar a un hombre, y mi mamá edificó la confianza de mi papá y ayudó a hacer de él el gran hombre en que se convirtió.

Dos cosas sorprendentes ocurrieron los siguientes días. Primero, en cuanto mi papá se rindió al llamado a predicar, el Señor le devolvió su arte. No había nada pecaminoso deshonroso en cuanto a utilizar el talento que Dios le había dado. El problema era que sus planes no incluían a Dios. La lección que estaba aprendiendo es que Jesucristo no se conformará con un segundo lugar en nuestras vidas. Él será el Señor de todo o Señor *en* nada. Eso es cierto para usted y para mí también. Jesús habló de esa obligación cuando dijo: "tome su cruz cada día, y sígame" (Lucas 9:23).

Cuando Jimmy Dobson se convirtió en ministro, utilizó su talento artístico en su trabajo. Cuando murió, era presidente del departamento de arte en MidAmerica Nazarene College (ahora Universidad), donde un edificio de las bellas artes allí lleva su nombre en la actualidad.⁵ En pocas palabras, mi padre no renunció a nada. Todo le fue devuelto con una guinda en el pastel. Nuestro hogar está decorado con sus hermosas pinturas, y sus obras cuelgan en cientos de hogares, edificios e iglesias. Nada fue desperdiciado.

Lo segundo que sucedió es que el presidente del Art Institute de Pittsburgh escribió una carta a mi padre ofreciéndole una importante posición como maestro con un salario fabuloso. Era precisamente el tipo de trabajo que él había estado buscando mientras languidecía en la gasolinera Texaco. Sin embargo, esa carta quedó perdida en el escritorio del presidente y no fue encontrada hasta meses después. Entonces el presidente envió la carta original a mi papá, junto con otra hoja que describía su error. Escribió: "Me preguntaba por qué usted ni siquiera me había hecho la cortesía de responder a mi oferta". Si mi papá hubiera recibido la carta original cuando fue escrita, se habría trasladado enseguida hasta Pittsburgh; sin embargo, cuando llegó la segunda carta, mi papá había aceptado el llamado a predicar y el tema de su carrera quedó zanjado para siempre.

Mamita, la mamá de mi papá, nunca había dejado de orar por su hijo durante el tiempo de angustia que él pasó. Claramente, Dios estaba interviniendo en su vida incluso cuando no había ninguna evidencia de su presencia. Vemos de nuevo en esta situación el poder de la oración en las vidas de su pueblo.

La historia no terminó ahí, desde luego. De hecho, hubo inmensos obstáculos en el camino por delante. Jimmy era un joven muy tímido con el temperamento de un artista; nunca había hablado una palabra públicamente en toda su vida excepto aquella noche en el servicio. No había hecho ni siquiera un anuncio en la iglesia. Humanamente hablando, estaba totalmente incapacitado para una carrera en el ministerio y no sabía absolutamente nada acerca de ese campo. También, se había perdido la oportunidad de estudiar en el seminario. Incluso su familia pensaba que estaba cometiendo un inmenso error, aunque solamente musitaban sus reservas entre ellos mismos.

Mi papá le preguntó al Señor: "¿Qué voy a hacer ahora?". Entonces oyó una voz compasiva que le dijo con seguridad: "Yo te daré una pequeña ayuda".

Mi padre se lanzó de lleno al desafío. En la primera semana después de su decisión, renunció a su empleo como (entonces) gerente de la gasolinera Texaco y comenzó a trabajar con una licencia de predicador local. Terminó un curso de estudios en casa en un tiempo récord, trabajando de diez a doce horas diarias durante los calurosos meses de verano. Predicó algunas veces por invitación de sus suegros, los Dillingham, y comenzó a agarrarle el ritmo. Pero seguía estando muy verde.

Entonces se puso en contacto con el anciano que presidía su denominación y le preguntó si podía predicar ocasionalmente en su distrito. El anciano a regañadientes le dio referencias a una de las iglesias que supervisaba. Estaba situada a cierta distancia en Mena, Arkansas, donde la congregación local estaba buscando un pastor. Ellos invitaron a Jimmy a ir a predicar lo que se conocía como un "sermón de prueba". Fue la primera y única vez que él se sometió a esa indignidad. Sin embargo, en ese momento apenas estaba en una posición favorable para negociar.

Jimmy y Myrtle oraron en el auto de camino a la estación de ferrocarril y pidieron la bendición de Dios la mañana siguiente. Myrtle le besó cálidamente, y cuando él la miró, ella tenía lágrimas en sus ojos. Al haberse criado en el hogar de un ministro, ella conocía mucho mejor que su esposo las pruebas y los sacrificios que un pastor y su familia soportarían, especialmente en una iglesia pequeña. Cuando él se subió al tren, ella volvió a decir: "Puedes estar seguro de que estaré orando por ti".

El viaje tomó casi todo un día, y Jimmy pasó todo ese tiempo repasando meticulosamente sus dos sermones. Cuando llegó a Mena, se registró en el hotel y después fue caminando por la ciudad y pasó por la iglesia. Entonces regresó a su habitación e intentó dormir. Después de una noche irregular fue llegando la mañana del domingo. Papá estaba tan nervioso como un gato.

Años después, escribió sobre los acontecimientos de aquel día, lo cual nos dice un poco acerca del carácter y la humildad del hombre.

Tomé mi Biblia y caminé de nuevo hasta la iglesia. Cuando estaba a una manzana de distancia, vi a otro hombre que tenía un asombroso parecido a un predicador con una Biblia bajo su brazo. Él se acercaba a la iglesia desde la otra dirección. Nos encontramos en los escalones frontales y yo me presenté primero.

Dije: "Hola, soy James Dobson. Mi anciano presidente, el hermano Brian, me envió a predicar dos sermones de prueba en esta iglesia hoy".

El hombre pareció sorprendido y dijo: "Debe de haber algún error. Yo soy Ben Harley, y el hermano Brian me dijo claramente que viniese aquí y predicase dos sermones de prueba hoy".

Yo quedé totalmente abatido y confundido por su afirmación. ¿Qué era lo ético que había que hacer en un caso como ese? El hermano Harley era un hombre más mayor con muchos años de experiencia. Con mucho, hice lo único que había que hacer, que fue retirarme misericordiosamente.

Dije: "Ya que fue un error, vaya usted adelante y predique, y yo simplemente me quedaré sentado y disfrutaré de los servicios". (Lo que estaba pensando acerca del anciano presidente no debería ponerse por escrito).

El hermano Harley no escuchó mi sugerencia, y propuso una mejor solución.

"Es mejor que yo me ocupe de un servicio y usted se ocupe del otro".

A causa de su insistencia, yo estuve de acuerdo. Sabía que las probabilidades estaban todas contra mí. El hermano Harley ya tenía un pastorado a muchos kilómetros de distancia y quería un cambio. Yo buscaba mi primer trabajo. Él tenía 25 años de experiencia mientras que yo era un principiante. Sin embargo, me tragué mi orgullo y seguí adelante con ello. Harley predicaría el sermón de la mañana y yo hablaría en la noche.

El mensaje de Harley estuvo lleno de clichés y de grandilocuencia. Estuvo predicando uno de sus mensajes favoritos que ya había compartido antes y la audiencia se mostró muy receptiva.

El servicio de la noche llegó rápidamente y fue mi turno. Sé que el lector perdonará mi candor cuando revelo mis miserables esfuerzos por predicar aquella noche. Yo no tenía ningún mensaje que ofrecer. Me puse nervioso y perdí mi confianza. Los ministros llaman a eso "quedarse en las ramas". Fue una de mis experiencias más difíciles.

La junta directiva se reunió inmediatamente después del servicio de la noche, y sólo necesitaron unos minutos para tomar su decisión. El portavoz se acercó a mí primero. Él "lamentaba" mucho decirme que la iglesia había llamado al otro hombre. Dijo que no había nada contra mí, que tenía que entenderlo. Dijo que yo era un buen joven y que estaba seguro de que encontraría una buena iglesia en algún otro lugar, etc. Entonces me entregó un sobre que dijo que contenía algún "dinero para gastos". Lamentaba que yo hubiera viajado tan lejos. Le di las gracias y estreché la mano del hermano Harley, y esperaba que tuviera un gran ministerio en Mena. Entonces dije "adiós" y me fui.

Cuando llegué al hotel, abrí el sobre que me había entregado el portavoz. Contenía 3 dólares, que era considerablemente menos de lo que me había costado estar allí. Me limpié las lágrimas de mis ojos mientras hacía mi maleta para agarrar el tren de la noche de regreso a Shreveport.

Iba sentado en aquel tren pensando en todo aquello, cuando una mujer pobre llegó por el pasillo. Iba vestida con ropa barata y raída, intentando manejar a varios niños pequeños. Se sentaron en el asiento enfrente de mí. Yo oí llegar al revisor y pedirle su billete. Ella comenzó a llorar. No tenía ningún billete, dijo, pero iba a ver a su madre que estaba a las puertas de la muerte. Su madre vivía solamente a unos pocos kilómetros de distancia.

Rogó: "Por favor, no nos haga bajar del tren. Prometo pagar al ferrocarril cuando obtenga algún dinero".

Antes de que el revisor pudiera responder, yo saqué los tres dólares de mi bolsillo y pagué el billete de la mujer. Sentí una gran unidad con todos los pequeños en el mundo aquella noche.

No fue fácil contarle a Myrtle mi mala fortuna, pero cuando comencé a recuperarme, nos reímos ante el humor de mi situación. Mi esposa fue comprensiva y me apoyó, como ha hecho siempre.

Aquellos fueron los comienzos de días aún más oscuros por llegar, pero entonces comenzamos a orar sinceramente acerca de cómo podía yo cumplir el llamado de Dios.

Mi papá estaba aún intentando responder la pregunta del "cómo" cuando se acercó de nuevo al anciano presidente. (Sí, era el *hermano Brian*). Jimmy le preguntó si había alguna pequeña iglesia en alguna parte, en *cualquier lugar*, que tuviera una necesidad desesperada de pastor. Pidió específicamente algo pequeño que él no pudiera arruinar. Papá más adelante deseó no haber sido tan humilde acerca de su petición porque obtuvo lo que pidió.

Jimmy recibió varios meses después una invitación para servir como pastor de una iglesia Nazarena muy pequeña en Sulphur Springs, una pequeña comunidad agrícola en East Texas. Tenía veintisiete años de edad. La iglesia tenía solamente diez miembros, y el salario era lo que las personas pusieran en el plato de la ofrenda el domingo anterior. A veces era 50 centavos o menos. Los estragos de la Gran Depresión seguían siendo muy evidentes en la Texas rural, y nadie tenía nada de dinero para gastar. Las granjas no habían sido preparadas para la electricidad.

Mi abuelo paterno, R. L. Dobson, entonces murió y dejó en su testamento las acciones de Coca-Cola a sus hijos adultos, mi padre incluido. Mi familia sobrevivió con los dividendos. Sin ese dinero podrían haberse muerto de hambre, aunque Dios estaba obrando en nuestras vidas. Papá daba el saldo del dinero a la iglesia cada mes para mantener sus puertas abiertas, y Dios bendijo su ministerio allí. Mis padres eran queridos y la iglesia creció rápidamente. Cuando ellos se fueron cuatro años después para aceptar otras responsabilidades, había 250 miembros en la iglesia Church of the

Nazarene en Sulphur Springs. Ellos habían construido una casa parroquial y un edificio para impartir educación cristiana. Lo más importante, el reverendo Dobson había aprendido cómo dirigir un rebaño.

Mi padre pasó a tener un ministerio muy exitoso como pastor y evangelista. Condujo a cientos de miles de personas a Cristo y llegó a ser un predicador muy eficaz. Incluso ahora, más de treinta años después de su muerte, con frecuencia oigo a personas ancianas que le conocieron y asistieron a sus reuniones. Recientemente recibí una nota no solicitada de un hombre al que no he conocido. Esto es lo que él escribió:

> Cuando le oigo hablar o leo lo que usted ha escrito sobre su papá, siempre me hace remontarme 50 años. Un superintendente de nuestra denominación me dijo que su padre era el mayor evangelista en la iglesia. Este hombre hizo hincapié en el modo en que afectaba a congregaciones enteras, niños incluidos.
>
> Siga los pasos de su padre.

Era cierto. Mi padre tenía una unción divina y yo fui uno de sus convertidos. Hablaré de eso en el siguiente capítulo.

CAPÍTULO 4

La cuarta generación

Cuando mis padres vivían aún en Shreveport en 1935, comenzaron a hablar de tener un hijo. Mamá concertó una cita con un médico de la familia, el doctor Rigby, y después del examen le dio noticias desalentadoras. Le dijo que debido a su estructura ósea, no debería intentar ser madre. Le advirtió que podría morir en el parto.

Fue una píldora difícil de tragar, pero mi madre y mi padre aceptaron el consejo del doctor Rigby. Meses después, sin embargo, papá le dijo que había estado en oración acerca de su incapacidad de tener un hijo, y que el Señor le había asegurado que *tendrían* un bebé... un hijo. Todavía tengo la descripción escrita que ella hizo de esa conversación con mi papá. Ella recordaba. "Supe que cuando Jimmy dijo que el Señor le había hablado, resultó tener razón".

Si las palabras de mi papá parecen ingenuas y presuntuosas actualmente, tiene que saber algo acerca de su vida de oración. Debido a que sabía que no estaba preparado para el ministerio, oraba continuamente. Ese sería un patrón durante toda su vida. Algunos días, pasaba de tres a cinco horas a solas con Dios. Papá era conocido en Sulphur Springs como el hombre sin cuero en la punta de sus zapatos. Pasaba tanto tiempo de rodillas, que desgastaba las puntas de los zapatos antes que las suelas. El Señor le honró y le condujo a través de sus desafíos y sus pruebas.

Mi mamá pronto se quedó embarazada, y yo nací por cesárea el día 21 de abril de 1936. Ella no sufrió ninguna complicación y yo nací muy sano. Sin embargo, las cesáreas eran operaciones peligrosas entonces, y no se había inventado aún la penicilina para evitar infecciones. El doctor Rigby advirtió de nuevo a mi madre para que no tuviese otro hijo. Su consejo fue incluso más enfático de lo que había sido la primera vez. En la actualidad, las cesáreas se realizan por incisión lateral para evitar debilitar el útero. Cuando yo nací, sin embargo, la incisión se hacía verticalmente, y los partos subsiguientes podrían ser fatales. Por eso fui hijo único.

Algunas personas piensan que los "hijos únicos" tienen probabilidades de ser malcriados. A ellas les digo: "Miren lo bueno que salí yo". (Espero que puedan imaginarme sonriendo). Mi padre y mi madre me querían mucho. Ella tenía un notable conocimiento sobre los niños y su cuidado. Nunca tomó una clase ni leyó un libro sobre maternidad, pero tenía una comprensión intuitiva de la tarea. También tenía un buen equipo de apoyo a su alrededor, y aprendía con rapidez. En aquellos tiempos, lo fundamental de la educación de los hijos lo aprendían las nuevas mamás de sus madres, abuelas, tías, amigas, vecinas y señoras en la iglesia. En el mundo actual, sin embargo, las familias con frecuencia están separadas geográficamente, e incluso si viven cerca, es probable que las mujeres tengan un trabajo fuera del hogar. Simplemente no tienen tiempo para aconsejar a los recién llegados. Las mamás a tiempo completo también están ocupadas. Proporcionan un servicio diario de taxi para sus hijos y batallan por mantener ajetreados hogares. Las nuevas mamás por lo general se las arreglan ellas solas.

Muchos años después dediqué mi primer libro para padres a mi madre porque ella se lo había merecido. Se tituló *Atrévete a disciplinar* e incorporaba muchos de los conceptos y técnicas que aprendí ante sus rodillas. Myrtle Dobson era una mujer muy brillante y compasiva. Mi padre y yo también teníamos una maravillosa relación. Sin duda, yo fui un muchacho afortunado.

Vivíamos en un apartamento muy pequeño que solamente tenía un dormitorio, y mi cuna estaba situada cerca de la cama de mis padres. No había otro lugar donde ponerla. Mi papá me dijo más adelante que cuando yo tenía dos años de edad, era normal que él se despertase en mitad de la noche por una vocecita que decía en un susurro:

"Papi, papi".

Él respondía: "¿Qué, Jimmy?".

Yo entonces decía: "Dame la mano".

Mi papá palpaba la oscuridad en busca de mi pequeña mano, y en el momento en que la agarraba en la suya, mi brazo quedaba muerto y mi respiración era profunda y rítmica. Yo me había vuelto a dormir. Solamente quería saber que él estaba ahí. Él siempre estuvo ahí a mi lado hasta el día de su muerte.

Me crié en la iglesia, y lo que aprendí allí quedó profundamente grabado en mi mente. Crecí en un hogar devoto donde aprendí a orar antes de aprender a hablar. Eso se debió a que imitaba los sonidos de las oraciones de mis padres antes de conocer el significado de sus palabras.

Un domingo en la noche cuando yo tenía cuatro años de edad, estaba sentado al lado de mi madre en la parte de atrás de la iglesia al lado derecho. Recuerdo los eventos de aquella noche como si hubieran sucedido ayer. Papá predicó el sermón y después preguntó si había personas en la congregación a quienes les gustaría pasar adelante y entregar sus corazones al Señor. Muchos de ellos inmediatamente comenzaron a salir a los pasillos y acercarse al altar para orar. Sin preguntar a mi madre, yo me uní a ellos y me arrodillé al lado derecho de la iglesia. Recuerdo llorar y pedir a Jesús que me perdonase y me hiciese su hijo. Entonces sentí una gran mano sobre mi hombro. Mi padre había bajado de la plataforma y se había arrodillado a mi lado para orar. Mi madre también estaba orando a mis espaldas. Yo lloré como el niño pequeño que era.

No me diga que un niño pequeño es incapaz de entregarse a Cristo. Yo lo sé. Lo que hice aquella noche no fue obligado ni manipulado. Fue mi decisión y recuerdo sentirme muy limpio. Después del servicio, mis padres fueron a visitar a algunos de los miembros y me dejaron en el auto. Yo me quedé allí pensando en lo que había hecho y preguntándome el significado de todo aquello. Había sido una experiencia dramática y yo quería entenderla. Lo que ocurrió aquella noche resultó ser el punto álgido de mi vida. A veces digo con una sonrisa que todo desde entonces ha sido una cuesta descendente. Da miedo experimentar los momentos más importantes de la vida cuando se tienen cuatro años de edad.

Yo no he vivido una vida perfecta, y tengo un generoso conjunto de fallos, pero he intentado agradar al Señor desde aquel momento hasta ahora. Mi experiencia en el altar tuvo un profundo impacto en mí. Las cajas de recuerdos familiares que mencioné anteriormente contenían una nota escrita por mi madre poco después de que yo hubiera pedido perdón a Jesús. Ella dijo que lo hice muy en serio. Unas semanas después, me caí y me hice mucho daño en una mano. Lloré, haciendo que mi madre sugiriese: "¿Por qué no oras y le pides a Jesús que se lleve el dolor?". Lo hice, pero después seguí llorando.

Mamá me dijo: "Bueno, ¿qué te dijo Jesús?".

Yo dije: "Me dijo que estaba ocupado regando las flores y los árboles, pero que me ayudaría cuando tuviera tiempo".

Eso tenía sentido para mí. Mi teología estaba un poco confundida, pero la idea básica era correcta. He clamado al Señor muchas veces desde entonces, con frecuencia con profunda desesperación. En algunas ocasiones mis oraciones fueron respondidas del modo en que yo quería. Otras veces Él pareció decir: "No ahora" o "No", o simplemente "Espera". Esta tercera respuesta es la más difícil de aceptar.

De regreso a nuestro tema: H. B. London y yo somos primos hermanos (nuestras madres eran hermanas), y fuimos los primeros miembros de la cuarta generación en llegar a ser adultos jóvenes desde que "la promesa" fue dada a nuestro bisabuelo. Ambos éramos "solamente niños" y nos criamos como hermanos. Fuimos compañeros de cuarto en la universidad, y durante el primer semestre de nuestro segundo año él anunció que Dios le había llamado a ser un ministro. La noticia me hizo ponerme nervioso porque me di cuenta de que yo era el primer miembro de cuatro generaciones de mi familia que no se había sentido guiado al ministerio.

H. B. fue ordenado después de graduarse del seminario y sirvió como pastor durante treinta y dos años. También fue un "pastor para pastores" en *Enfoque a la Familia* durante otros veinte, y habló a más de cien denominaciones. Ahora está semijubilado y está terminando su carrera de nuevo como pastor asociado y orador.

Yo marchaba a un ritmo diferente. Nunca oí el llamado que todos mis parientes por parte de mi madre experimentaron. Después de terminar la universidad, fui aceptado en una escuela de posgrado en la Universidad de Southern California. Siete años después, terminé una licenciatura en desarrollo infantil y diseño de investigación, y me ofrecieron un puesto en la plantilla médica del hospital Children's de Los Ángeles. Serví allí en los departamentos de desarrollo infantil y genética médica durante diecisiete años. Durante catorce de esos años, fui también profesor de pediatría en la Facultad de Medicina de la USC. Esas tareas me prepararon para lo que estaba por llegar.

Aunque me gustaba el mundo académico, cada vez me preocupaba más por la institución de la familia, situación que comenzaba a desplegarse. De hecho, eso estaba en mi mente cuando estaba en la universidad. Iba de camino hacia un torneo de tenis un día cuando estaba en mi tercer año. La esposa de uno de los miembros de mi equipo estaba en el auto, y ella recuerda el modo en que hablé aquel día acerca de la debilidad de la familia estadounidense, y dije que necesitábamos hacer lo que pudiéramos para fortalecerla. Tenía veintiún años de edad, y el camino que tomaría más adelante estaba comenzando a tomar forma. Era el año 1957.

La cultura iba a deteriorarse de modo dramático en la década siguiente. La conmoción social de la década de 1960 causó estragos en los valores tradicionales, y estaba dirigida directamente a la institución de la familia. Sin querer sonar como un profeta autoproclamado, vi claramente entonces y a principios de la década de los setenta hacia dónde se dirigía la nación. Anticipé el colapso del matrimonio, el asesinato de millones de bebés no nacidos, y el abandono de la moral bíblica. Como siempre, mi padre tuvo la mayor influencia en mis valores y creencias durante esta revolución cultural.

En la escuela de posgrado durante el final de la década de 1960, el mundo académico comenzó a moverse hacia la legalización del aborto. Algunos de mis profesores eran enfáticos al respecto y servían para confundirme. Yo no entendía las plenas implicaciones del asunto, pero estaba irritado por el tono racista de aquellos maestros. Es difícil creer en la actualidad lo que algunos de ellos decían. Uno de ellos habló por los demás: "Miren, hay muchos niños en las zonas pobres del centro (refiriéndose a personas de color) que se están criando en circunstancias sórdidas. Muchos de ellos no tienen padres, y sus madres con frecuencia son drogadictas. Esos niños están creciendo en las calles en pandillas violentas y no tienen supervisión de adultos". (Aquí llega el remate). "Francamente, sería mejor si no se les hubiera permitido nacer a esos niños". Ahora sé que ellos reflejaban las perspectivas racistas de Margaret Sanger, fundadora de Planned Parenthood.

Después de oír esos comentarios la primera vez, se los repetí durante la cena a mis padres aquella noche. Recuerdo muy gráficamente que mi padre quedó alarmado y enojado por lo que los maestros habían dicho. Se levantó de su silla y dijo: "No lo creo, Jim. Por favor, no lo creas ni por un momento. Eso es equivocado y es una maldad". Grandes lágrimas llenaron sus ojos y bajaron por sus mejillas cuando dijo: "Yo *nunca* daré un solo voto a ningún político que asesinaría a un bebé inocente". Esa frase se quedó conmigo y la he repetido muchas veces desde entonces.[1]

En esta ocasión y en muchas otras, papá fue un faro para mí, una brújula moral, que influenció mi vida laboral temprana y me dirigió hacia los principios de justicia. Quién sabe cómo habría evolucionado mi sistema de valores sin este piadoso padre que me guió hacia mis años de adulto.

Aquellos fueron también años de cambio dramático para mí. Conocí a Shirley, quien se convirtió en mi novia en la universidad. Salimos durante tres años antes de casarnos el día 27 de agosto de 1960. Shirley quería terminar la universidad, y yo estaba decidido a estar en la escuela de posgrado antes de tomar la responsabilidad de una esposa y una familia. El destacado psicólogo cristiano, Dr. Clyde Narramore, me había aconsejado que no me casara demasiado rápido si tenía intención de hacer una licenciatura, lo cual me recomendó encarecidamente que hiciera. Pasaron cinco años antes de que naciera nuestra hija, Danae. Para entonces, me quedaban solamente dos años para completar mis estudios.

Cuando me gradué en 1967, comenzamos sin éxito a intentar tener otro hijo. Shirley se sometió a un tratamiento para la infertilidad, pero también fracasó. Fue una época de constante desengaño, pero al menos teníamos un hijo. Las parejas que tienen "brazos vacíos" escuchan malas noticias un mes tras otro. Su situación es como la muerte agonizante de un sueño. Mi corazón se identifica con ellos.

Finalmente, Shirley y yo decidimos adoptar un niño. Hicimos la solicitud en una agencia cristiana, y cuatro meses después recibimos una llamada de un trabajador social diciendo: "Su bebé está aquí".

Supimos que una joven de diecisiete años a quien nunca habíamos conocido quedó embarazada estando soltera y decidió tener el bebé. Permitió que su bebé fuese adoptado, y nosotros fuimos escogidos por la agencia para tener ese privilegio. Un hermoso bebé fue entregado amablemente a Shirley. ¡Las oraciones de muchos años fueron respondidas ese día! Estaremos eternamente agradecidos a la maravillosa madre biológica, quienquiera que sea, y que experimentó la incomodidad del embarazo y el dolor de parto a fin de dar vida a nuestro hijo, Ryan. ¿Lo entendería usted si le dijera que tengo lágrimas en mis ojos mientras escribo?

Entendí la plena medida de mi pasión de padre acerca de la santidad de la vida humana, y comencé a intentar hablar a otros de ello. Los bebés no son un "pedazo de tejido" o un "protoplasma insignificante", ni "los productos de la concepción", tal como los defensores del aborto le dijeron al pueblo estadounidense; ¡eso fue una insidiosa mentira! Los bebés son creaciones de Dios que tienen almas eternas. Yo seré su defensor durante el resto de mi vida.

Tres años después de que naciese Ryan, iba yo conduciendo a casa desde la USC y escuchando la radio. Era el 22 de enero de 1973, y un reportero anunció, tal como puedo recordar: "La Corte Suprema de E.E. U.U. acaba de emitir una resolución sobre el caso denominado *Roe contra Wade*.[2] Ha legalizado el aborto según demanda por cualquier razón o sin razón alguna a lo largo de los nueve meses de embarazo".[3] Quedé profundamente inquieto porque sabía que daría como resultado millones de diminutas vidas que se perderían. Incluso más desalentador fue la falta de respuesta por parte de algunos de mis amigos cristianos. Mi pastor, a quien yo quería, ni siquiera mencionó la tragedia el siguiente domingo en la mañana, ni tampoco lo hicieron muchos otros ministros y educadores. Quizá estaban de acuerdo con mi profesor que dijo: "Miren, sería mejor...".

Al pensar ahora en esa época, recuerdo ver un noticiero del histórico discurso del presidente Franklin Delano Roosevelt al Congreso realizado el día después del bombardeo de Pearl Harbor, cuando dijo: "7 de diciembre de 1941, una fecha que pervivirá en la infamia...".[4] Aunque el presidente Richard Nixon no dio ningún discurso el día después del 22 de enero de 1973, fue también una fecha que pervivirá en la infamia. Al escribir en la actualidad, casi 60 millones de bebés han muerto debido a la decisión tomada por siete arrogantes jueces. Ellos también están muertos ahora, y deberíamos recordar sus nombres "en la infamia". Son los jueces Burger, Powell, Brennan, Marshall, Douglas, Stewart y Blackmun. Solamente los jueces White y Rehnquist discreparon. Las manos de los otros están manchadas con la sangre de millones de bebés.[5]

Muchos de mis hermanos y hermanas protestantes siguieron pasando por alto la importancia de la regulación *Roe contra Wade*. Yo no soy católico, pero estoy agradecido de que su jerarquía sí "lo captó". Ellos hablaron fervientemente a favor de la vida casi desde el principio. Incluso hasta la fecha, la comunidad católica sigue enarbolando la bandera a favor de la vida del aún no nacido. Me agrada decir que los protestantes ahora parecen estar despertando a la causa. Juntos estamos ganando la batalla por los corazones y mentes del pueblo estadounidense. Sin embargo, un millón de bebés mueren cada año debido al "aborto a demanda". *Life News* recientemente reportó que 1,7 mil millones de bebés han sido abortados en todo el mundo desde el 1973.[6]

Yo hablé en el evento de la Marcha por la Vida en el National Mall en Washington, D.C., en el cuarenta y un aniversario de *Roe contra Wade*, el 22 de enero de 2014.[7] Fue uno de los días más fríos del año, ya que un viento helado barrió la ciudad. Fui presentado por mi hijo, Ryan, quien es también un apasionado defensor de la vida. Entonces caminamos hasta la plataforma y dije unas cuantas palabras antes de ofrecer la oración de clausura. Hacía tanto frío aquel día con temperaturas bajo cero que mi boca apenas podía moverse. Mientras miraba a aquella multitud congelada de sesenta mil personas, me agradó ver que la mayoría de quienes marchaban eran adolescentes y jóvenes adultos. Ellos aplaudían y vitoreaban fuertemente a favor de la santidad de la vida humana. ¡Hay esperanza para el futuro de Estados Unidos!

Mi propósito al compartir esta breve historia no es alardear sino mostrar el vínculo entre el trabajo de mi vida y la temprana profecía de mi bisabuelo. Aunque yo no soy ministro, mi objetivo supremo ha sido el de presentar a personas a Jesucristo y hacerlo mediante la institución de la familia. Cuando pienso en el llamado a predicar al que respondió cada miembro de mi familia, desde mi bisabuelo hasta H. B. London, me siento inclinado a preguntarme: "¿Cuál es la diferencia en mi caso?". Pienso que no hay ninguna.

Y a propósito, nuestro hijo Ryan es ministro ordenado en la denominación Southern Baptist y nuestra hija Danae es oradora y escritora en el servicio a Jesucristo. Ellos representan la quinta generación, y George Washington McCluskey debe de estar sonriéndonos desde el cielo.

CAPÍTULO 5

Lo que todo ello significa

La historia que acabo de compartir hasta este punto representa algo más que la biografía de una familia estadounidense desde finales del siglo XVIII hasta nuestro tiempo presente. Si eso es todo lo que hay, ¿por qué molestarse? No, el significado de este relato está centrado en cómo "la fe de nuestros padres y madres" fue preservada y transmitida hasta la presente generación. El de ellos fue un notable logro cuando lo pensamos. El mensaje del evangelio sobrevivió entre mis antepasados durante más de cien años, a pesar de una interminable serie de obstáculos y desafíos. Ellos no eran seres humanos superiores que escaparon a las luchas y las dificultades. La vida no era más fácil para ellos de lo que es para usted y para mí. Los McCluskey y los Dillingham, por ejemplo, afrontaron los horrores de la Primera Guerra Mundial en 1917-1918 y la gripe española que mató entre 50 y 100 millones de personas en 1919,[1] la Gran Depresión que hizo estragos en la economía en 1929, y la gran sequía conocida como Dust Bowl que expulsó a granjeros de sus tierras en la década de 1930.[2] Los Dillingham también perdieron un precioso bebé a principios de la década de 1900.

Mis padres también tuvieron su parte de sufrimiento. Mi madre amó a Jimmy Dobson más que a la vida misma hasta su repentina muerte a los sesenta y seis años de edad. Un domingo en la tarde del 4 de diciembre de 1977 estaban celebrando el cumpleaños de su hermana. Papá sostuvo a un nuevo bebé e hizo una oración final. Entonces cenaron, y momentos después él se inclinó sobre los brazos de mi mamá. Cayó al piso y nunca volvió a respirar. Mi primo comenzó inmediatamente a hacerle un masaje cardíaco, pero papá se había ido. Cinco minutos después, sin ninguna otra señal de vida, él mostró una amplia sonrisa. Me gustaría saber quién estaba allí para darle la bienvenida. Se lo preguntaré cuando nos encontremos en el cielo.

Mi mamá batalló mucho después de aquello. Desde el momento de la muerte de papá, Myrtle Georgia Dillingham renunció a la vida. Nunca se recuperó de la pérdida del desgarbado "artista" del que se había enamorado una noche lluviosa en Shreveport. Ella vivió once años más que él, pero murió por un corazón roto. Literalmente murió de tristeza.

El tiempo y el espacio no me permiten relatar la historia entera de aquellos años, a excepción de decir que la aventura amorosa entre mis padres había continuado de modo ininterrumpido durante más de cuatro décadas. Pero con demasiada rapidez se terminó. Encontré el diario de mi madre algunos años después y leí una anotación escrita en el primer aniversario de la muerte de su esposo. Ella escribió:

> Mi precioso amor. Hoy hace un año que pasaste tu último día en esta tierra. Hace un año pasamos juntos nuestra última noche. He recordado nuestras últimas actividades a lo largo de todo ese día. Tú querías ir al centro comercial para dar tu paseo diario, aunque yo creía que realmente querías mirar las cañas de pescar. Estuvimos viendo escaparates durante un rato, y entonces tú dijiste: "Myrtle, tienes que soltarme.

Déjame libre para entrar y salir de las tiendas yo solo…solamente para dar un paseo libre y solo".

Yo tomé tu brazo y dije: "Ve donde quieras, pero déjame ir contigo. Tan sólo deja que camine a tu lado".

Tú te encogiste de hombros y me permitiste estar a tu lado durante un rato. Durante casi tres meses había estado contigo constantemente. Parecía saber que me ibas a ser arrebatado repentinamente, y quería estar ahí, por si acaso pudiera hacer algo para mantenerte con vida. Pero unos minutos después dijiste: "Mira este largo centro. Puedes verlo hasta el final. Quiero caminar de aquí hasta aquí otra vez".

Al decir eso cedí. Pero, por si no lo sabías, tomaste un elevador hasta uno de los pisos superiores del centro comercial, y te apartarse de mi vista. Te estuve buscando frenéticamente, y al final te encontré dirigiéndote hacia mí con una sonrisa en tu cara. Me llevaste a una tienda de muebles en la tercera planta y me enseñaste un nuevo sillón que habías elegido como mi regalo de Navidad. Fue tu último día. Tu última gran aventura.

El domingo, 4 diciembre, te vestiste temprano y después bajaste las escaleras para sentarte en tu sillón. Yo pasé la mañana en el piso de arriba. Me pregunto lo que hiciste esas dos horas. Sé que leíste tu Biblia…¿qué si no? Si yo hubiera bajado, me habrías hablado al respecto. Más adelante fuimos a casa de Elizabeth [la hermana de papá, que vivía en Kansas City]. Tú te veías muy guapo con tu abrigo deportivo y pantalones *beige*. Yo me quedé sentada sin decir nada, tan sólo observándote mover tus largos brazos, piernas y cuerpo. Tú sostenías al bebé…no con demasiada gracia…ya que nunca fue fácil para ti sostener a un niño. En la mesa, te sentaste a mi lado y contaste una historia divertida sobre nosotros. Hiciste una oración, y entonces tranquilamente te inclinaste hacia mí. Entonces tu cabeza y tu brazo tocaron la mesa. Ellos te pusieron sobre el piso. Bud respiró por ti; dijo que sonreíste una vez más...tu única señal de vida. ¿Qué viste? ¿A dónde fuiste? Mi único consuelo es que tu último acto en esta tierra fue inclinarte hacia mí. Entonces te alejaste.

Muy rápidamente entendí que ya no existías más. Tu nombre fue quitado del registro de la iglesia. El banco quitó tu nombre de nuestras chequeras. La dirección de nuestra casa fue cambiada para incluir solamente mi nombre. Tu licencia de conducir y quedó invalidada. Ya no existías. Entonces reconocí que mi nombre también había cambiado. Había estado orgullosa de ser la Sra. de James C. Dobson, Sr. Ahora era simplemente Myrtle Dobson. Ya no éramos "nosotros". Se convirtió en mí o yo. Y estoy sola. Tú eras mi sumo sacerdote. En mi interior estoy rota, triste, anonadada, sola. Mi casa ha perdido su alma. ¡Tú no estás aquí!

La gente me ha dicho que el primer año es el más difícil. Ha pasado un año y tres días desde que moriste, y esta noche estoy frenética de anhelo por ti. ¡Oh, querido Dios! Es más de lo que puedo soportar. Los sollozos hacen que mi corazón pierda el ritmo. No puedo ver el papel. Mi cabeza me palpita. La casa está solitaria y tranquila. Las visiones de ti han sido tan reales como si estuvieras aquí y no me hubieras dejado. Hoy doy gracias a Dios por permitir que un ángel me cuide. ¡Pero te extraño desesperadamente!

Hoy me mudé a un dormitorio más pequeño. Desearía que estuvieras aquí para compartir conmigo esa habitación. Hay preciosos recuerdos ahí. Cuando estuve enferma hace cuatro años, oraste por mí en ese dormitorio durante la medianoche. Te postraste en el piso, agonizando en oración por mí. Ambos sabíamos que el Espíritu estaba orando por medio de ti. Más adelante, el Señor nos dirigió a un médico que me ayudó a recuperar la salud. Oh, cómo te amaba. Amo tu recuerdo hoy.

Hubo otra fuente de tristeza en la casa de los Dobson. Mi papá había rescatado a un pobre perrito, cierto tipo de terrier de juguete, de una sucia tienda de mascotas tres años antes de morir. Se llamaba Benji, y apenas estaba vivo cuando papá le encontró. Fue necesario un año para que estuviese otra vez sano y, para entonces, había aprendido a adorar a mi papá. Benji se sentaba en su regazo hora tras hora mientras su dueño leía una interminable multitud de sofisticados libros. Papá y la mascota eran inseparables.

Benji observó a mis padres irse en el auto aquel fatal domingo, pero solamente uno de ellos regresó más adelante aquel día. Benji no tenía manera de saber por qué el hombre al que quería no había regresado, y quedó perplejo por eso. Se quedaba con sus orejas de punta en lo alto de las escaleras que conducían al garaje, esperando que entrase mi papá. Se quedó allí tres meses esperando contra toda esperanza.

Dieciocho meses después yo fui a la casa de mamá en Olathe, Kansas, para ayudar a cerrar los asuntos de mi papá y trasladar a mamá para que estuviera cerca de nosotros. Puse varias maletas sobre la cama y estaba empacando las ropas y las pertenencias de papá. Benji saltó sobre la cama; caminó con las patas erguidas hasta las maletas y, con cautela y reverencia, se metió en una de ellas. Olió las ropas, una a una, y entonces se acurrucó sobre el abrigo de mi papá.

Yo dije: "Lo sé, Benji. Yo también le extraño".

Cinco años después de la muerte de mi padre, mi madre sufrió la enfermedad de Parkinson, y poco tiempo después fue incapaz de hablar o incluso reconocernos a Shirley o a mí. Permaneció en posición fetal durante años. Entonces, una tarde de domingo fui a la residencia para asegurarme de que estuviera recibiendo los cuidados adecuados. Entré en su cuarto y, de modo increíble, la encontré sentada y erguida sobre la cama. Estaba totalmente lúcida. Yo quedé sorprendido y me senté en el borde de su cama. Agarré sus manos y le dije lo mucho que todos nosotros la queríamos. Hablamos sobre mi papá y el amor que se tenían el uno por el otro. Entonces ella miró fijamente mis ojos y dijo: "Mira, he estado pensando". Fue muy extraño que una mujer dijera que había estado pensando cuando había sido completamente incoherente durante años. Entonces ella reveló lo que pasaba por su mente, al menos en las horas antes de que yo llegase.

Dijo con sentimiento: "Casi lo tengo hecho".

"¿A qué te refieres, mamá?", le pregunté.

Ella repitió las palabras: "Casi lo tengo hecho".

Yo entendí que estaba hablando acerca de su lucha física y su conciencia de que la muerte era inminente. Pronto dejaría esta vida para ir a ver a mi padre. Le di las gracias por haber sido una esposa y madre tan estupenda, y charlamos como en los días de antaño. Entonces le di un beso y me despedí.

Iba a ser nuestra última conversación en esta tierra. Cuando fui a visitarla unos días después, no estaba lúcida. Su "recuperación" momentánea nunca se repitió. Aunque mi mamá vivió varios meses más, nunca volvió a reconocerme. Creo que el Señor me dio esa oportunidad final una tarde de domingo para decirle a mi buena madre que la quería.

Ella se alejó un domingo siguiente, y entró en la presencia del Señor.

Hay otras historias tras la vida y la muerte de mis parientes, que no compartiré aquí, a excepción de decir que cada miembro de mi familia pasó por pruebas similares. Encontraron frustraciones, rechazo, desengaño, desánimo, fracaso, "porqués" no respondidos, hipocresía y apostasía en la iglesia, y finalmente enfermedad y muerte. Si se le hubiera dado pie, Satanás habría utilizado esas y otras pruebas para debilitar su fe y destruir su testimonio. Pero con la ayuda de Dios, ellos se aferraron tenazmente a lo que sabían que era correcto. No hubo ningún incidente de infidelidad, abuso o divorcio. Ninguno de ellos fumó ni bebió una gota de alcohol: sus vidas fueron limpias y rectas. Ellos habían alcanzado una norma de santidad. Pero la vida no es fácil, ni siquiera para los santos.

Recuerdo un querido himno, "Sublime gracia", que describía las dificultades que caracterizaron su viaje. Una de las estrofas dice: "En los peligros o aflicción que yo he tenido aquí, su gracia siempre me libró, y me guiará feliz".[3] Alabo al Señor por la "gracia" que sostuvo a tres generaciones de mi familia y ahora cuatro. Yo no estaría escribiendo hoy si hubiera renunciado cuando la presión era fuerte. Por eso ellos son mis héroes. Para parafrasear al apóstol Pablo en 2 Timoteo 4:7: "[ellos] que pelearon la buena batalla, terminaron la carrera y guardaron la fe". Y podría añadir, transmitieron su fe al resto de nosotros.

Este es el "legado" al que hace referencia el título y el contenido de este libro. He escrito decenas de libros en los últimos cuarenta años, pero este los corona. Todos los demás han señalado, ya sea de modo indirecto o por implicación, a esta "transmisión" de la fe cristiana a los hijos primero, y después preservarla para futuras generaciones. Por esta razón he citado algunos de mis propios libros ocasionalmente en este libro. El *legado* es un compendio de mis pensamientos acerca de ganar a sus hijos, y a otros, para Jesucristo, porque nada se acerca a ello en importancia.

¿Creemos eso usted y yo? Si es así, entonces deberíamos vivir cada día con ese objetivo en mente.

Cuando leo la Biblia hoy, soy consciente de que escribas y monjes en la Edad Media trabajaron en monasterios o deprimentes cuevas e invirtieron sus vidas en la tediosa tarea de copiar y preservar esos textos de tanto valor. Qué gran regalo nos han transmitido a nosotros. Ahora ese tesoro está en nuestras manos. Una de las preguntas más importantes que los cristianos deberían hacer es cuán comprometidos estamos a salvaguardar la fe para nuestra progenie y para otros a los que ellos influirán. Estas verdades podrían perderse en una sola generación. ¿Transmitiremos la "perla de gran precio" a futuras generaciones?

Ese pensamiento es abordado musicalmente en la letra de la canción "Find Us Faithful", escrita por Jon Mohr y cantada por Steve Green.

> *Que todos los que vienen detrás de nosotros nos encuentren fieles*
> *Que el fuego de nuestra devoción dé luz a su camino*
> *Que la huella que dejamos*
> *Les lleve a creer*
> *Y la vida que vivimos les inspire a obedecer*
>
> *Que todos los que vienen detrás de nosotros nos encuentren fieles*

Después de que todas nuestras esperanzas y sueños se hayan ido y venido
Y nuestros hijos tamicen todo lo que hemos dejado atrás
Que las pistas que descubran y los recuerdos que hallen
Se conviertan en la luz que les lleve al camino que cada uno debe encontrar

Que todos los que vienen detrás de nosotros nos encuentren fieles[4]

¿Qué palabras inspiradoras se expresan en esta letra? Permítame volver a decirlo para añadir énfasis: permanecer fieles a nuestras creencias debería ser nuestra prioridad suprema. Tiene significado no sólo para usted y para mí sino también para aquellos que aún están por nacer. Esa fue la esencia de la oración diaria de mi bisabuelo cuando le rogaba a Dios por el bienestar espiritual de su familia. ¿Está también usted orando por quienes están en su línea familiar? Si usted se aleja de la verdad, el vínculo con el evangelio puede quedar cortado para sus descendientes. ¿Hay algo en la vida que sea más importante que eso?

Hablemos un poco más al respecto.

CAPÍTULO 6

Mi viaje

Me tomó algún tiempo poner en orden mis prioridades. Sin duda, casi cometí el mayor error de mi vida en los primeros años de la vida adulta. Cuando terminé mi trabajo en la escuela de posgrado, mi vida estaba repentinamente llena a rebosar de actividades emocionantes. Yo tenía solamente treinta años, y comenzaron a llegar las oportunidades con más rapidez de la que yo podía manejarlas. Entre ellas se incluyeron un prestigioso puesto en la universidad, apariciones en redes de televisión, libros superventas y oportunidades para dar charlas y conferencias nacionalmente. También fui consultor durante cinco años para el presidente Ronald Reagan acerca de fortalecer la institución de la familia. Después de que terminase el segundo mandato de Reagan, ocasionalmente hice consultoría para George H.W. Bush y después para George W. Bush.

Aquellos fueron tiempos emocionantes. A principios de la década de 1980 me invitaron a visitar Washington, D.C. para reunirme con el presidente de Mutual Broadcasting System, Marty Rubenstein. Él era responsable de la programación de la red que producía los primeros programas *Larry King Show* en cientos de estaciones de radio. Yo fui el invitado de Larry durante dos horas la siguiente noche, después de lo cual el Sr. Rubenstein me pidió que presentase mi primer programa como prueba. Eso sucedió el 25 de marzo de 1983, cuando emitimos un programa de dos horas de charla que se escuchaba en seiscientas de las mayores estaciones seculares. Estaba patrocinado por Purex. Después, el Sr. Rubenstein me ofreció un trabajo regular como el programa de Larry. Me miró a los ojos y dijo: "Si aceptas esta propuesta, te haré un hombre muy rico".

Gracias a Dios que tuve la sensatez de no aceptar la oferta. Tener un programa de radio regular cincuenta y dos semanas del año nos habría puesto en el límite a mí y a mi familia. Pero la tentación fue muy fuerte. Mi vida estaba en un punto crucial, y estuve vacilando durante unos cuantos días antes de entender lo que estaba en juego.

Todo este combustible de alto octanaje tenía un lado perjudicial para mi familia y para mí. El éxito temprano puede ser una experiencia embriagadora para cualquier hombre joven y yo no era una excepción. Iba corriendo rapidísimo intentando estar a la altura de todo lo que sucedía. Nunca descuidé a Shirley o a nuestra pequeña, Danae, pero sí tenía tendencia a distraerme y trabajar en exceso. Cuando llegó Ryan, yo estaba incluso más abrumado. Me avergüenza decir que en una ocasión estuve diecisiete noches sin estar en casa con mi pequeña familia.

Mi papá observó que yo estaba cada vez más absorbido en las trampas del éxito y eso le preocupó. Él y mi madre estaban en un vuelo a Hawái durante aquella época y tuvieron varias horas para estar sentados y pensar. En algún lugar sobre el Pacífico azul, él sacó una pluma y comenzó a escribirme una carta que daría forma a mi vida. Aquí está una parte de esa carta, escrita hace cuarenta y cinco años:

Querido Jimbo:

Ha pasado algún tiempo desde que te escribí una carta paternal, o una carta de cualquier tipo. Es digno de notar, creo, que de todas las veces que nos hemos comunicado, incluyendo durante tu tiempo en la secundaria y en la universidad, no puedo recordar ninguna carta que tuviera que ser escrita con enojo o ni siquiera con una suave reprimenda. Todas ellas tenían un aura nostálgica de agrado. En resumen, hoy siento más ganas de decir que ha sido estupendo ser tu padre. Estoy orgulloso de ser un miembro del equipo. Estoy muy feliz por tu éxito, que ahora está llegando como torrentes. Es importante que los hombres en todas las vocaciones experimenten el cumplimiento de sus sueños. En este momento has tenido una proporción muy alta de rendimientos positivos en tus esfuerzos; casi increíble, de hecho.

No necesito recordarte que no siempre será así. La vida te probará profundamente, e incluso hasta el final cuando tengamos que dejarlo todo. Hasta ahora no has tenido grandes pruebas, pero las pruebas y los desafíos son inevitables. Deberías intentar prepararte para ellas emocionalmente, porque la frustración y el sufrimiento llegarán a tu camino. Sé que eso no es fácil de hacer en un tiempo de alegría y rosas, pero debes intentar prepararte para el desengaño.

Entonces mi padre llegó al punto esencial de su carta. Continuó:

Todos debemos orar de modo decidido, concreto y continuo por tu preciosa hija. [Ryan no había nacido aún]. Danae se está criando en la parte más malvada de un mundo que ha entrado mucho más en el declive moral que el mundo en que tú naciste. He observado que uno de los mayores engaños es suponer que los niños llegarán a ser cristianos devotos simplemente porque sus padres lo hayan sido. Tampoco es probable que estén profundamente comprometidos con su fe si sus mamás y papás han sido tibios acerca de los asuntos espirituales. Shirley y tú deberían dedicarse plenamente a un profundo trabajo de oración por los hijos que Dios les dé. El no ganarles para Cristo haría que el mero éxito en tu profesión palideciese y fuese un asunto fracasado, ciertamente. Pero esta oración demanda tiempo, tiempo que no puede ser dedicado si está todo situado y forzado sobre el altar de la ambición profesional.

En mi caso, hubo una feliz coincidencia de mi carrera como ministro con el cuidado de tu alma. Las modestas citas que fueron mías durante tu niñez proporcionaron tiempo para orar por ti. Pero con respecto a tu familia, tendrá que hacerse por diseño: celosamente y fervientemente guardado. Te ruego que no falles en este punto. La tragedia de un niño que convierte en un naufragio su fe puede manchar la edad anciana de cualquiera, sea cristiano o no. Todos debemos trabajar juntos para lograr para ti la serenidad, que es mía a este respecto, cuando yo entro a la juventud de mi edad anciana. Esta es solamente una razón más por la que todos deberíamos beber por completo la copa que sigue estando en nuestras manos.

Gracias por permitirme compartir mis sentimientos. Hablaremos más cuando tu mamá y yo regresemos a casa.

Tu padre

Esta carta me golpeó duro porque entendí exactamente lo que él estaba diciendo. He pensado en ello desde entonces, y aún tengo la copia original en mis archivos. De hecho, he memorizado partes de ella y sigo meditando en las palabras de papá. Ahora está claro que casi cometí el mayor error de mi vida cuando era un padre joven. Pude haber perdido a mis hijos espiritualmente, tal como mi papá advirtió. Estoy agradecido de que él me ayudó a retirarme del abismo.

Después de leer el mensaje de mi padre y más adelante hablar con él al respecto, Shirley y yo comenzamos a orar sinceramente por nuestra hija y más adelante por nuestro hijo. Aprendimos a "ayunar", que es un concepto bíblico mediante el cual se renuncia al placer de comer durante un tiempo. En nuestro caso, hacíamos eso un día por semana. Aunque ayunar se hizo difícil para mí físicamente cinco años después, Shirley continuó con esa práctica durante más de veinte años. Hacíamos juntos en la misma oración una y otra vez. Decía algo parecido a lo siguiente:

> "Padre celestial, aquí estamos una vez más con el clamor de nuestros corazones. Hemos venido a decirte lo que tú ya sabes, que nos importa más el bienestar espiritual de nuestros hijos que ningún otro aspecto de nuestras vidas. Es más importante para nosotros que nuestra salud, nuestro trabajo, nuestra reputación o nuestras posesiones. Sabemos que llegará un momento en que nuestros hijos estarán por encima de nuestra influencia, y serán desafiados por las tentaciones de la vida. Te pedimos que en ese punto de encuentro entre justicia e injusticia, tú sitúes a un hombre y una mujer piadosos en ese momento. Ayuda a que esas influencias les dirijan hacia el camino que deberían tomar. Sobre todo, que el círculo no sea roto en el otro lado de esta vida, y otórganos a cada uno de nosotros vida eterna, la cual celebraremos en tu presencia para siempre".

Esta oración ha sido respondida maravillosamente. Dos dedicados mentores llegaron a las vidas de Danae y Ryan cuando estaban en la universidad y poco después. Nuestros hijos han llegado a seguir los pasos de sus antepasados, y disfrutamos de una relación cercana y satisfactoria con ellos en la actualidad. Danae ha publicado veintiún libros cristianos, la mayoría de ellos para niños (incluida la popular serie Woof[1]), y Ryan ha escrito cinco, siendo el último *Wanting to Believe*,[2] acerca de su viaje espiritual.

Me gustaría poder decir que nunca tuve otro problema con comprometerme en exceso, pero eso no sería cierto. Nunca es fácil cambiar patrones de toda la vida que están profundamente arraigados y establecidos. Los hombres con personalidades tipo A como la mía entenderán esta lucha. Mi patrón se convirtió en un viaje en una montaña rusa. Tenía mi carga de trabajo bajo control durante un tiempo, y entonces gradualmente comenzaba a aceptar cada vez más responsabilidad. ¿Por qué? Porque, francamente, estoy hecho para trabajar. El "tren" en el que yo iba seguía recorriendo las vías, aunque a un ritmo más lento que antes.

Finalmente, sin embargo, llegué a manejar este destructivo estilo de vida. Después de orar otra vez una noche acerca de numerosas invitaciones y obligaciones que tenía delante de mí, me calmé para leer un libro titulado *In-Laws Outlaws*, del consejero H. Norman Wright.[3] No tenía nada que ver con mi oración, pero en el segundo capítulo había una escritura que saltaba de la página. Fue como si el Señor hubiera puesto esta página en mis manos.

Los versículos clave se encontraban en el capítulo 18 de Éxodo, que describe el agotamiento de Moisés como el líder de Israel. Entonces su suegro, Jetro, le hizo una visita, muy parecido a lo que mi padre había hecho por mí. Jetro advirtió a Moisés que estaba trabajando demasiado. Estos son los versículos que fueron relevantes para mí:

Oyó Jetro sacerdote de Madián, suegro de Moisés, todas las cosas que Dios había hecho con Moisés, y con Israel su pueblo, y cómo Jehová había sacado a Israel de Egipto...

Y Moisés salió a recibir a su suegro, y se inclinó, y lo besó; y se preguntaron el uno al otro cómo estaban, y vinieron a la tienda...

Y se alegró Jetro de todo el bien que Jehová había hecho a Israel, al haberlo librado de mano de los egipcios. Y Jetro dijo: Bendito sea Jehová, que os libró de mano de los egipcios, y de la mano de Faraón, y que libró al pueblo de la mano de los egipcios...

Aconteció que al día siguiente se sentó Moisés a juzgar al pueblo; y el pueblo estuvo delante de Moisés desde la mañana hasta la tarde. Viendo el suegro de Moisés todo lo que él hacía con el pueblo, dijo: ¿Qué es esto que haces tú con el pueblo? ¿Por qué te sientas tú solo, y todo el pueblo está delante de ti desde la mañana hasta la tarde?

Y Moisés respondió a su suegro: Porque el pueblo viene a mí para consultar a Dios. Cuando tienen asuntos, vienen a mí; y yo juzgo entre el uno y el otro, y declaro las ordenanzas de Dios y sus leyes.

Entonces el suegro de Moisés le dijo: No está bien lo que haces. Desfallecerás del todo, tú, y también este pueblo que está contigo; porque el trabajo es demasiado pesado para ti; no podrás hacerlo tú solo. Oye ahora mi voz; yo te aconsejaré, y Dios estará contigo. Está tú por el pueblo delante de Dios, y somete tú los asuntos a Dios...

Además escoge tú de entre todo el pueblo varones de virtud, temerosos de Dios, varones de verdad, que aborrezcan la avaricia; y ponlos sobre el pueblo por jefes de millares, de centenas, de cincuenta y de diez. Ellos juzgarán al pueblo en todo tiempo; y todo asunto grave lo traerán a ti, y ellos juzgarán todo asunto pequeño. Así aliviarás la carga de sobre ti, y la llevarán ellos contigo. Si esto hicieres, y Dios te lo mandare, tú podrás sostenerte, y también todo este pueblo irá en paz a su lugar.

Y oyó Moisés la voz de su suegro, e hizo todo lo que dijo…

Y despidió Moisés a su suegro, y éste se fue a su tierra (Éxodo 18:1, 7, 9-10, 13-19, 21-24, 27).

¿No es interesante que el libro de Éxodo, que fue escrito hace casi 3600 años, siga siendo relevante para nuestras vidas en la actualidad? Se debe a que el texto bíblico fue "inspirado por Dios". Fue escrito por cuarenta autores durante un curso de 1500 años, en tres continentes y en tres idiomas. Nunca ha habido otro libro como la Biblia, y sin embargo ha sido prohibido en las escuelas públicas, en la mayoría de universidades y en la plaza pública.[4] Es ahí donde yo encontré la respuesta a la pregunta que le había hecho al Señor una hora antes.

Permítame repetir el versículo del capítulo 18 de Éxodo que saltó de la página para mí. Dice: "Si esto hicieres, y Dios te lo mandare, tú podrás sostenerte, y también todo este pueblo irá en paz a su lugar" (Éxodo 18:23).

Capté el mensaje. A la mañana siguiente, me reuní con mi agente y le dije que limpiase mi calendario de citas para hablar, a excepción de dos eventos que no podían ser cancelados. Acepté la posibilidad de que pudiera no volver a hablar públicamente. Sin embargo, cuando los ejecutivos de Word Publishing escucharon que yo había cancelado los seminarios en la ciudad, preguntaron si podían grabar en video el evento de fin de semana que seguía en pie. Después de argumentar con ellos, acordamos permitir que hubiera cámaras presentes.

El 15-16 de septiembre de 1977 hablé ante tres mil personas en San Antonio, Texas.[5] Las grabaciones que Word hizo ese fin de semana llegaron a ser la serie *Enfoque a la Familia*, que vieron 100 millones de personas en los siguientes diez años.[6] Mientras tanto, yo permanecía en casa con mi familia. ¿Es extraño el porqué creo en el poder de la oración?

Más adelante, presenté mi dimisión a la USC y al Children´s Hospital, y abrí una humilde oficina de dos habitaciones. Aquello era incómodo, pero nunca he mirado atrás. Comencé un ministerio de radio a una milla de mi casa y pronto estaba alcanzando más personas cada día que aquellas a las que habría hablado personalmente en toda la vida. Fue uno de esos puntos cruciales de los que el resto de mi vida dependería.

Me pregunto si mi tendencia a llegar agotado cuando era más joven ha sido también un problema en su familia. Me refiero a los compromisos excesivos crónicos, fatiga y presión por el tiempo. Creo que la mayoría de hombres han tratado estas circunstancias de una manera u otra. Es un modo de vida estadounidense. ¡Correr, correr, correr! ¡Uf, uf, uf! ¡Adelante, adelante, adelante! Desgraciadamente, los niños son quienes más sufren de un estilo de vida sin aliento. La única manera de salir del "tren de la locura" es tomar las difíciles decisiones de ir más despacio. Sé que es más fácil decirlo que hacerlo, pero vale la pena hacer los sacrificios necesarios para alcanzar un ritmo de vida razonable.

Hablando de niños, es ahora el momento de hablar concretamente de su bienestar espiritual. Eso haremos.

CAPÍTULO 7

Apologética para niños

"Apologética cristiana" se refiere al esfuerzo por presentar a nuestros compañeros viajeros la verdad de las Escrituras y las enseñanzas de Jesucristo. Por lo general implica evangelismo para adultos, como se enseña en clases de estudio bíblico y "testimonio" individual. Este capítulo, sin embargo, hablará del tema de la apologética para niños, primordialmente como lo presentan los padres, pero también en programas escolares de la iglesia y otras formas de educación religiosa. También se denomina "la educación espiritual de los niños".

Como escribí en el capítulo anterior, considero que esta enseñanza es una responsabilidad que tiene la mayor prioridad en la vida para padres y abuelos que son cristianos comprometidos. Esto explica por qué he hablado del asunto brevemente en muchos de mis libros sobre educación de los hijos. *Su legado* es la pieza central hacia la que me he estado dirigiendo. Sé que hay redundancia en esos libros anteriores, pero por qué no iba a abordar *el* tema una y otra vez si realmente creo mi propia retórica. Charles Dickens escribió repetidamente acerca de la injusticia social en sus libros; William Shakespeare se centró con frecuencia en la historia de la monarquía británica; Stephen Ambrose se enfocó en la guerra y en otros aspectos de la historia estadounidense, y Jane Austin escribió acerca del amor romántico. Cada escritor tiene su propio tema central. El mío es el desarrollo infantil, el matrimonio, la familia y la búsqueda de justicia. Por tanto, articularé mi mensaje principal una vez más para lectores que puede que lo hayan pasado por alto.

Para entender la apologética, tenemos que comenzar con lo fundamental. Como sabemos, todo buen entrenador de fútbol comienza sus sesiones de entrenamiento en agosto con bloqueo y recepción, carrera y golpeo. Esas cosas se denominan "los fundamentales", y se enseñan a los jugadores de manera interminable. Los entrenadores de baloncesto también comienzan el primer día en la pista con regates, pases, tiros y defensa. Esto se aplica a los alumnos de primer año al igual que a los profesionales más experimentados. Cuando llega el momento del primer partido, los movimientos en la estrategia se han convertido en una segunda naturaleza para aquellos que lo "captan". Quienes no conectan siguen en el banquillo o son "cortados" del equipo.

Aprender los fundamentales fue parecido a lo que yo pasé en el entrenamiento básico del ejército. Fueron nueve semanas de trauma, pero muy eficaces. Al principio de toda la situación, un sargento de aspecto bravo con voz gritona sostenía un rifle y nos gritaba a los reclutas:

"Este es su amigo. Si cuidan de él, él cuidará de ustedes. Y nunca, jamás, lo llamen pistola. Es un rifle".

Lo decía con seguridad. Los soldados que no estaban prestando atención recibían gritos y eran enviados a KP, lo cual consistía en dieciséis miserables horas de trabajos en la cocina. Solamente los reclutas más lentos se referían de nuevo a un rifle como una pistola.

Pasamos cuatro horas al día durante dos semanas

aprendiendo cómo desmontar un rifle, cómo limpiarlo, cómo repararlo, cómo dormir con él, y otras cosas que me aburrían hasta las lágrimas. La mayoría de nosotros perdimos una uña antes de aprender a no meter nuestros pulgares en un mecanismo atorado. Un día estaba yo intentando arreglar mi rifle cuando el pestillo golpeó mi dedo índice. ¡Ay! ¡Sí que dolió! Todos los demás tenían un "Pulgar M1" durante el resto del entrenamiento básico. Yo era el único que tenía un "dedo M1" negro, lo cual era embarazoso de explicar. El ritmo de mi corazón estuvo latiendo en ese dedo durante semanas. Sigo teniendo una marca en el lado de mi dedo índice. Puede estar seguro de que cometí ese error solamente una vez.

Después de todo el trabajo en clase, los sargentos nos hacían marchar a la zona de tiro y las cosas comenzaban a ponerse interesantes. Yo había aprendido lo fundamental y pasé a ganarme una calificación como "tirador experto".

La apologética es parecido a eso. Deberíamos comenzar enseñando lo fundamental de la fe a los niños en cuanto puedan hablar. Mis padres siguieron ese plan. La primera palabra que yo aprendí a deletrear fue J-E-S-Ú-S. Cuando la olvidaba, mi madre pacientemente me la enseñaba otra vez. Ella me decía que Él era mi amigo, y que me quería.

Los puntos fundamentales van desde ahí hasta una comprensión de quién es Dios, lo que Él logró en Cristo y lo que espera que nosotros hagamos. Esta enseñanza debe comenzar muy temprano en la niñez y continuar a medida que pasan los años. Incluso los niños de preescolar son capaces de aprender que las flores, el cielo, las aves e incluso los arco iris son regalos de la mano de Dios. Él creó esas cosas maravillosas, al igual que nos creó a cada uno de nosotros. Esta es una de las lecciones iniciales en la educación de los hijos.

La primera escritura que nuestros hijos deberían aprender es: "Dios es amor" (1 Juan 4:8). Se les debería enseñar a darle gracias antes de comer su comida y pedirle ayuda cuando sean heridos o tengan miedo. Hay que enseñarles a decir oraciones elementales, centrándose en miembros de la familia y quienes están enfermos. A medida que van creciendo en madurez, puede leer a sus hijos una Biblia para niños o alguna otra versión sencilla. Explique las historias que relata, porque a los niños les encanta escuchar una y otra vez acerca de los personajes bíblicos.

La herramienta de enseñanza más eficaz es el ejemplo proporcionado por los padres en el hogar. Los niños son sorprendentemente receptivos a las cosas que observan en los momentos descuidados de sus padres. Esto quedó ilustrado para Shirley y yo cuando nuestro hijo y nuestra hija tenían once y quince años. Habíamos ido juntos a Mammoth Mountain, California, para esquiar con otra familia. Desgraciadamente, nuestra llegada coincidió con una inmensa tormenta ese jueves, forzándonos a tener que quedarnos en el refugio y frustrando a padres e hijos por igual. Cada uno de nosotros tomaba turnos para acercarse a la ventana cada pocos minutos con la esperanza de ver la luz del sol que nos haría libres. El sol nunca apareció.

También nos quedamos encerrados el viernes y el sábado, ya que la tormenta enterró nuestros autos en la nieve. A esas alturas, las dos familias estábamos con ojos de sueño e irritables. E incluso nuestro perro se estaba poniendo ansioso. Sin embargo, con el amanecer de la mañana del domingo, los rayos del sol entraron en nuestro lugar y el cielo estaba de color azul brillante. La nieve sobre los árboles era maravillosa y todas las pistas de esquí estaban en funcionamiento. Pero ¿qué íbamos a hacer? Habíamos hecho una política para toda la vida del asistir a la iglesia el domingo, y habíamos decidido no esquiar ni atender a eventos deportivos profesionales en lo que denominábamos "el día del Señor".

Uno de los Diez Mandamientos dice: "Acuérdate del día de reposo para santificarlo. Seis días trabajarás, y harás toda tu obra; mas el séptimo día es reposo para Jehová tu Dios; no hagas en él obra alguna, tú, ni tu hijo, ni tu hija, ni tu siervo, ni tu criada, ni tu bestia, ni tu extranjero que está dentro de tus puertas. Porque en seis días hizo Jehová los cielos y la tierra, el mar, y todas las cosas que en ellos hay, y reposó en el séptimo día; por tanto, Jehová bendijo el día de reposo y lo santificó" (Éxodo 20:8-11).

Yo aprendí esa lección de niño y nunca la olvidé. Ciertamente, el esquiar o no en domingo es un asunto individual, y dejaré eso para que lo decidan mis lectores. Para nosotros, sin embargo, el día de reposo está apartado para otro propósito. Además, si esquiábamos esa mañana, habríamos hecho que los empleados de la compañía de esquí estuvieran en su trabajo. De modo correcto o incorrecto, esto es lo que creemos. Pero ese principio se puso bajo escrutinio después de tres días de estar encerrados. Todo el mundo quería ir a las laderas, y para ser sincero, yo también quería.

Shirley y yo estábamos locos de estar encerrados con todos aquellos niños aburridos. Por tanto, les dije a mi familia y mis amigos: "Miren, no queremos ser legalistas acerca de esto [sonrisa]. Creo que el Señor nos otorgaría una excepción en este caso. Hace un día precioso fuera. Podemos hacer nuestro devocional esta noche cuando regresemos a casa después de esquiar, y creo que estaría bien si vamos".

Todos estaban de júbilo, o eso pensaba yo, y procedimos

a vestirnos para la salida. Yo terminé primero y estaba en el piso superior para preparar el desayuno tipo autoservicio cuando Shirley se acercó y me susurró: "Es mejor que vayas a hablar con tu hijo". Él era siempre *mi* hijo cuando había un problema. Fui al cuarto de Ryan y le encontré llorando".

"Vaya, Ryan, ¿qué pasa?", le pregunté. Nunca olvidaré su respuesta.

"Papá", me dijo, "nunca te he visto hacer concesiones antes. Tú nos has dicho que no es correcto esquiar y hacer cosas como esas en domingo, pero ahora estás diciendo que está bien". Las lágrimas aún caían por sus mejillas mientras hablaba. "Si esto era equivocado en el pasado, entonces sigue siendo equivocado hoy".

Las palabras de Ryan me golpearon como un martillazo. Yo había decepcionado a ese niño que me miraba para obtener dirección moral. Había violado mi propia norma de conducta, y Ryan lo sabía. Me sentí como el mayor hipócrita del mundo. Después de haber recuperado mi compostura, dije: "Tienes razón, Ryan. No hay manera en que pueda justificar la decisión que tomé".

A petición mía, las dos familias nos reunimos en la sala otra vez y yo relaté lo que había sucedido. Entonces dije: "Quiero que todos ustedes [nuestros invitados] vayan a esquiar hoy. Nosotros ciertamente lo entendemos, pero nuestra familia va a asistir a una pequeña iglesia en el pueblo esta mañana. Así es como pasamos nuestros domingos, y hoy no debería ser una excepción para nosotros".

Los miembros de la otra familia, tanto niños como adultos, dijeron casi al unísono: "Nosotros tampoco queremos esquiar hoy. Iremos a la iglesia con ustedes". Y lo hicieron. Aquella tarde, tuve que pensar sobre lo que había sucedido. A la mañana siguiente, llamé a mi oficina para decir que no regresaríamos hasta el martes. Nuestros amigos pudieron cambiar su calendario también. Así que todos salimos a esquiar el lunes y tuvimos uno de los mejores días juntos que hayamos tenido jamás. Y mi conciencia estaba al fin tranquila.

El punto es este: yo no tenía idea de que Ryan me había estado observando aquella mañana de domingo, pero debería haberlo anticipado. Los niños obtienen sus valores y creencias de lo que ven modelado en el hogar. Esa es una de las razones por las que mamás y papás deben vivir una vida moralmente coherente delante de sus hijos. Si esperan ganarlos para Cristo, no pueden permitirse ser casuales o caprichosos con respecto a las cosas que creen. Si usted como padre actúa como si no hubiera una verdad absoluta, y si está demasiado ocupado para orar y asistir juntos a reuniones en la iglesia, y si les permite a sus hijos ir a jugar al fútbol durante la escuela dominical, y si usted engaña en su declaración de la renta o miente a un cobrador, o se pelea indefinidamente con sus vecinos, sus hijos captarán el mensaje. "Mamá y papá hablan de un buen juego, pero ellos no practican lo que predican".

Si usted les sirve una sopa tan débil a lo largo de la niñez, la vomitarán cuando tengan la oportunidad de tomar sus propias decisiones. Cualquier punto débil ético de esta naturaleza, cualquier falta de claridad en asuntos de bien y mal, será observado y ampliado por la siguiente generación. Si espera que sus creencias morales y espirituales sean heredadas automáticamente por sus hijos sin una formación y ejemplo intencionales, tan sólo piense en los hijos de los grandes patriarcas de la Biblia. Estoy hablando de Isaac, Samuel, Ezequías, David y otros. El gran sacerdote Elí, que educó a Samuel en la sinagoga, tuvo dos hijos llamados

Ofni y Finees. Elí era un buen hombre pero un papá pasivo, que no se tomaba tiempo para disciplinar o formar adecuadamente a sus hijos. Ellos crecieron y fueron malvados y rebeldes. Se juntaban con prostitutas en el templo y robaban y se comían la comida que era para los sacrificios.

Dios pronunció juicios sobre aquellos dos hombres, y murieron el mismo día. Su padre quedó tan asombrado cuando oyó la noticia que cayó hacia atrás, se golpeó la cabeza sobre el suelo y murió.[1] La mayoría de los patriarcas vieron a parte de su descendencia rechazar a Dios y morir fuera de la fe. Eso es profundamente inquietante para mí.

Los ministros a veces caen en la misma trampa. En el pasado, era común que creyeran que si se ocupaban de sus iglesias y alimentaban a sus rebaños, Dios estaba obligado a asegurar el desarrollo espiritual de sus hijos. Me gustaría que eso fuera cierto, pero con frecuencia no es así. La familia del pastor es el primer campo misionero, y su evangelismo debe comenzar ahí. Siempre es trágico cuando un pastor que ama a Dios y entrega su vida a la iglesia entonces falla a la hora de llevar a sus propios hijos a una relación personal con Jesucristo.

Eso es lo que mi papá me estaba diciendo cuando escribió: "[Tu hija] está creciendo en un mundo que ha caído mucho más en declive moral que el mundo en el cual naciste tú". Él me estaba ayudando a entender que mi primera responsabilidad estaba en casa, y que si yo fallaba ahí, ningún otro logro me daría satisfacción. Eso es cierto también para los padres y abuelos en el presente. La cultura está en guerra con nosotros por los corazones y las mentes de nuestros hijos. Tanto muchachos como muchachas corren un riesgo máximo en una sociedad que alienta a los adolescentes a participar en la idiotez sexual del siglo XXI, desde beber sin control, consumir drogas ilegales, utilizar pornografía, enviar mensajes sexuales, hasta multitud de otras conductas de pecado.

Aunque el peligro se aplica igualmente a varones y hembras, esto es lo que escribí en mi libro *Cómo criar a las hijas*:

Permítanme hacer algunas preguntas retóricas a aquellos que están educando muchachas. ¿Esperan que sus hijas sean sexualmente promiscuas incluso desde los primeros años de adolescencia? "¡Claro que no!", casi puedo escuchar decir a la mayoría. Pero consiéntanme para propósitos de ilustración. ¿Prefieren que sus hijas sean rudas, gritonas y agresivas en sus relaciones con los varones?

¿Esperan que sean una marca fácil para muchachos que buscan conquistas sexuales? ¿Es su deseo que imiten la conducta masculina ruda, tal como perder los estribos, ser inmodestas, insensibles e irrespetuosas hacia los demás? ¿Quieren que sean unas mal habladas, crudas, groseras, soeces y descorteses?

¿Es su deseo que se vistan de modo provocativo a fin de atraer la atención de los muchachos, dejando ver más de lo que ocultan? Cuando lleguen a la adolescencia, ¿quieren que parezcan prostitutas, rellenando sus labios con colágeno y sus senos con silicona? ¿Les gustaría que se colgasen anillos de partes de su cuerpo y que se pintasen el cabello de color verde, naranja, púrpura o rosa? ¿Quieren que se sientan tan avergonzadas de su cuerpo que se sientan obligadas a hacer dieta a los nueve años de edad y tengan miedo a comer cuando tengan trece? ¿Se sienten cómodos con maestros que alentarán a sus hijas apenas crecidas a experimentar con relaciones lesbianas y decirles que la bisexualidad es un viaje aún más estupendo? ¿Esperan que sus muchachas aprendan que el matrimonio es una institución desfasada que debería ser redefinida o descartada? ¿Quieren que ellas desdeñen las atesoradas creencias espirituales que les han estado enseñando desde que eran pequeñas? Si estas son sus aspiraciones para sus vulnerables pequeñas, y estoy seguro de que no lo son, entonces no tienen que hacer nada para lograrlas. La cultura popular hará el trabajo por ustedes. Está diseñada para convertir a esta generación de niños en pequeños clones políticamente correctos de la MTV.

La influencia de la industria del entretenimiento, Madison Avenue, la internet, músicos de hip-hop, algunas escuelas públicas, universidades liberales y otras instituciones está dando forma y torciendo a los jóvenes e inculcándoles dañinas ideas que les robarán la inocencia de la niñez. Como resultado, algunas de nuestras muchachas perderán sus esperanzas de tener un matrimonio productivo y feliz. La estabilidad de sus futuras familias cuelga en la balanza. Esto es lo que yace en los caminos de los niños cuyos padres trabajan en exceso, están distraídos, agotados y no participan. Sin su cuidado e interés, la cultura se los llevará al infierno. He sido testigo de ello mil veces. Incluso con supervisión paternal adecuada, muchos de nuestros niños están en la burbuja.

Estoy más preocupado por los niños entre nosotros que están crónicamente solos. Sus padres están fuera la mayor parte del tiempo, dejándoles que se ocupen de sí mismos. Los seres humanos se necesitan desesperadamente unos a otros, y quienes están aislados no se desarrollan. No sólo los niños solitarios se meten en problemas, sino que también se convierten en un blanco fácil para abusadores que entienden el vacío de sus almas y lo utilizan para sus propios propósitos.[2]

Repito: lo que les enseñe a sus hijos en los primeros años es crítico. El investigador George Barna confirmó lo que hemos sabido: que cada vez se vuelve más difícil influenciar a los niños espiritualmente a medida que van creciendo. Los datos muestran que si una persona no acepta a Jesucristo como Salvador antes de los catorce años de edad, la probabilidad de hacerlo va disminuyendo. Estos son descubrimientos inquietantes:

Una serie de estudios que realizamos con respecto a la edad en la cual las personas aceptan a Cristo como su Salvador destaca la importancia de que las personas inviten a Jesús a su corazón como su Salvador cuando son jóvenes. Descubrimos que la probabilidad de que alguien acepte a Jesús como su Salvador era de un 32 por ciento para quienes están entre las edades de 5 y 12; de un 4 por ciento para el rango entre 13 y 18; y del 6 por ciento para las personas de 19 o más. En otras palabras, si las personas no aceptan a Jesucristo como su Salvador antes de llegar a los años de la adolescencia, su probabilidad de hacerlo es escasa.[3]

Concretamente, debemos hacer todo lo que podamos para asegurar que nuestros muchachos y muchachas estén establecidos en su fe y tengan una clara comprensión del bien y el mal. Esa es una responsabilidad que no es generalmente aceptada. La ideología políticamente correcta defiende que toda conducta y creencias son consideradas igualmente válidas. Nada es moralmente incorrecto, y la verdad absoluta no existe. Esto se denomina relativismo moral, y es la filosofía prevaleciente en la comunidad académica y la cultura en general. Esta perspectiva sostiene que los niños nacen buenos y llegan a corromperse solamente cuando se relacionan con una sociedad imperfecta.

Tristemente, el concepto de pecado no tiene validez

alguna para muchas personas porque implica la existencia de un Padre eterno que juzga los asuntos de la humanidad. Eso no tiene ningún sentido para los incrédulos. Nosotros, desde luego, le conocemos y reverenciamos como el Dios de Abraham, de Isaac y de Jacob. Otros son totalmente ajenos a Él.

Muchas iglesias que ya no hablan del concepto de pecado, escogiendo en cambio enfocarse en el pensamiento positivo y en lo que es "edificante". Ciertamente, las palabras de aliento tienen su lugar en la enseñanza cristiana, pero la Escritura es explícita en cuanto a la naturaleza del mal. El apóstol Pablo dijo: "La paga del pecado es muerte" (Romanos 6:23). El rey David escribió: "He aquí, en maldad he sido formado, y en pecado me concibió mi madre" (Salmos 51:5). Juan, el discípulo de Jesús, escribió: "Si decimos que no tenemos pecado, nos engañamos a nosotros mismos, y la verdad no está en nosotros" (1 Juan 1:8). ¿Cómo pueden representantes de Cristo justificar el "saltar" sobre principios bíblicos básicos de esa manera?

Aquí se plantea otra pregunta: si nada es ofensivo para Dios, ¿por qué vino Jesús a esta tierra? ¿Por qué tuvo Él que morir una agonizante muerte en la cruz? ¿No fue para proporcionar un remedio para el pecado y la depravación? Si no existen el bien y el mal, ¿cuál *fue* exactamente la misión del Mesías? Su significado está arraigado en la justicia, tal como el Dios eterno la define. Él nos hace a cada uno rendir cuentas de ello. Algún día, "…ante mí se doblará toda rodilla, y toda lengua confesará a Dios" (Romanos 14:11b). Eso es lo que yo creo con todo mi corazón, y si usted está de acuerdo, entonces debería enseñárselo a sus hijos.

Consideremos las escrituras que hablan del asunto de la formación espiritual de los niños. La enseñanza primera y más explícita se dirige a los padres y se encuentra en el libro de Deuteronomio. No deja ninguna flexibilidad. Este pasaje es una transcripción de un discurso final dado por Moisés a los hijos de Israel, después de haberlos sacado de Egipto y de cuarenta años de vagar por el desierto. Solamente un hombre que comenzó este viaje viviría para entrar en la Tierra Prometida. Se llama Caleb. El resto murió pronto debido a su rebelión contra Moisés y Jehová.

Había millones de israelitas en aquella época, y sus descendientes pronto cruzarían el río Jordán y tomarían posesión de la Tierra Prometida. Por tanto, lo que leemos en los primeros capítulos de Deuteronomio son las indicaciones finales dadas a aquellos que pelearían y heredarían la tierra prometida a Abraham. Fue un momento histórico, y cada palabra fue dada por inspiración a Moisés.

Es significativo que el primer capítulo de ese discurso, citado en el versículo 39, fuese dirigido a los padres acerca de sus hijos. Moisés dijo: "[ellos] aún no conocen el bien y el mal". Eso apoya mi caso, ¿verdad? Entonces Moisés habló al pueblo. Aquí está su inequívoco mensaje, el cual se hace eco a través de las edades:

> Oye, Israel: Jehová nuestro Dios, Jehová uno es. Y amarás a Jehová tu Dios de todo tu corazón, y de toda tu alma, y con todas tus fuerzas. Y estas palabras que yo te mando hoy, estarán sobre tu corazón; y las repetirás a tus hijos, y hablarás de ellas estando en tu casa, y andando por el camino, y al acostarte, y cuando te levantes. Y las atarás como una señal en tu mano, y estarán como frontales entre tus ojos; y las escribirás en los postes de tu casa, y en tus puertas. (Deuteronomio 6:4-9)

Notemos que Moisés no estaba simplemente ofreciendo una "sugerencia" a los padres acerca de la formación espiritual de sus hijos. Él llamó mandamiento a esa tarea, y había una urgencia sus palabras. No es suficiente con musitar: "Ahora cuídame al dormir" con su cansado hijo al final del día. Las enseñanzas espirituales han de estar en nuestra mente y en nuestra conversación a lo largo de todo momento en que estemos despiertos. Deberíamos buscar con frecuencia oportunidades para hablar sobre Jesús y sus tiernas misericordias. Cuando nuestros hijos e hijas hayan crecido, no deberían tener duda alguna acerca de los elementos fundamentales de la fe cristiana.

Hay otra escritura en raras ocasiones citada que nos dice cómo se siente Dios en cuanto a la familia. Está escrita en Malaquías 2:15, y afirma de modo enfático por qué la institución del matrimonio llegó a existir en un principio.

> ¿No hizo él uno, habiendo en él abundancia de espíritu? ¿Y por qué uno? Porque buscaba una descendencia para Dios. Guardaos, pues, en vuestro espíritu, y no seáis desleales para con la mujer de vuestra juventud.

La institución del matrimonio fue creada no para nuestros propósitos, sino para los del Señor. ¿Y por qué? Porque Él quería que educásemos a nuestros hijos para que crecieran y le sirvieran a Él. ¿Cómo podemos ignorar este plan divino?

Hay muchas otras escrituras que hacen hincapié en la misma enseñanza. Quizá la más importante esté en el Salmo 78, que afirma precisamente lo que Dios quiere que los padres hagan con respecto a la formación de sus hijos. Estos versículos estaban dirigidos no solamente a los hijos de Israel, sino también a usted y a mí. Esta es nuestra tarea. Leamos estos versículos con mucha atención:

Escucha, pueblo mío, mi ley; Inclinad vuestro oído a las palabras de mi boca. Abriré mi boca en proverbios; Hablaré cosas escondidas desde tiempos antiguos, Las cuales hemos oído y entendido; Que nuestros padres nos las contaron. No las encubriremos a sus hijos, contando a la generación venidera las alabanzas de Jehová, y su potencia, y las maravillas que hizo. El estableció testimonio en Jacob, y puso ley en Israel, la cual mandó a nuestros padres que la notificasen a sus hijos; Para que lo sepa la generación venidera, y los hijos que nacerán; y los que se levantarán lo cuenten a sus hijos, a fin de que pongan en Dios su confianza, y no se olviden de las obras de Dios; Que guarden sus mandamientos (Salmo 78:1-7).

Generación a generación celebrará tus obras, y anunciará tus poderosos hechos (Salmos 145:4).

Venid, hijos, oídme; el temor de Jehová os enseñaré (Salmo 34:11).

———∿∿———

El que vive, el que vive, éste te dará alabanza, como yo hoy; el padre hará notoria tu verdad a los hijos (Isaías 38:19).

De esto contaréis a vuestros hijos, y vuestros hijos a sus hijos, y sus hijos a la otra generación (Joel 1:3).

Además dijo Dios a Moisés: Así dirás a los hijos de Israel: Jehová, el Dios de vuestros padres, el

Dios de Abraham, Dios de Isaac y Dios de Jacob, me ha enviado a vosotros. Este es mi nombre para siempre; con él se me recordará por todos los siglos (Éxodo 3:15).

Estas escrituras son "órdenes de marcha" para las personas de fe. Repito: están dirigidas específicamente a los padres, y todos nosotros podemos entenderlas. Ningún otro mandamiento en todo el ámbito de la Escritura habla de modo tan enfático de la responsabilidad de educar a los hijos. Esa tarea puede quedar resumida por un versículo escrito por el apóstol Pablo en el libro de Efesios. Dice simplemente: "criadlos en disciplina y amonestación del Señor" (Efesios 6:4).

Ahora compartiré algo que explicará mi pasión por el tema del que hemos estado hablando. Saca a la luz una perspectiva teológica que algunos de ustedes podrían no aceptar. Ha sido mi convicción durante toda la vida que si una escritura habla de un tema concreto con un lenguaje claro, debería ser aceptada tal como está escrita. No necesitamos buscar ninguna otra interpretación. Los escritores bíblicos dijeron lo que querían decir y quisieron decir lo que dijeron. Así es también con respecto a la certeza de la vida después de la muerte.

Cuando el Creador sopló el aliento de vida en Adán y Eva en el huerto del Edén, los hizo a la imagen de Dios. Respetados comentarios interpretan que eso significa que a todos los seres humanos se les dio un alma eterna y que vivirán en algún lugar para siempre. Quienes han sido "lavados" en la sangre de Cristo y cuyos nombres están escritos en el libro de la vida del Cordero vivirán en el paraíso eternamente. Quienes rechazan el regalo del perdón y la salvación se perderán para siempre, separados de Dios y de sus santos. La palabra "infierno" es una de las palabras más aterradoras e inquietantes que aparecen en la Escritura, pero Jesús mismo habló de él como un lugar literal. No podemos pasar por alto estas enfáticas palabras, porque tienen la autoridad de Cristo.

Esto es lo que está en juego cuando nos proponemos presentar al Salvador a nuestros hijos. Nosotros no podemos tomar sus decisiones por ellos, pero mediante la oración y un atento cuidado podemos influenciar en sus elecciones. El modo en que manejamos esa responsabilidad tiene increíbles implicaciones para el futuro. Si nuestros hijos llegan a la madurez y mueren sin haber aceptado las buenas nuevas del evangelio, sus padres nunca más volverán a verlos en la otra vida. Ese entendimiento no ha salido de mí. Viene directamente de la Palabra de Dios. Esta es la fuente de la urgencia de la cual he escrito.

Ahora es el momento de presentar a sus hijos a Jesucristo. Esa enseñanza debería comenzar temprano y seguir durante tanto tiempo como usted tenga autoridad moral sobre ellos. Que el Señor le bendiga a medida que cumple con esta responsabilidad divina.

CAPÍTULO 8

Alcanzar a nuestros pródigos

En una conversación con un nativo del norte de Canadá hace algunos años, me describía la conducta inusual de un alce macho. Dijo que los animales de 1800 libras (800 kilos) se vuelven locos por la testosterona y que se enfurecen por cualquier tipo de movimiento en su territorio. Cuando las pasiones están en su punto máximo, y hay en las proximidades hembras receptivas, no es poco común que los animales carguen contra cualquier cosa que se mueve, incluso los motores de los trenes de carga cuando van recorriendo las vías. Los cuernos, la carne, las pezuñas y también el hierro se encuentran frente a frente en violentas colisiones. El alce normalmente pierde en esos encuentros, pero no vive el tiempo suficiente para aprender nada de la experiencia.

Al hacer uso de mi fértil imaginación, incluso en tono de broma, veo un vínculo entre la conducta de un alce acalorado y algunos muchachos a los que he conocido. Los denomino "niños de voluntad fuerte", y pueden ser tan duros como el hierro. Desde el nacimiento o poco después, parece gustarles el conflicto con sus padres. Hay algo en ser capaz de irritar y desafiar a poderosos adultos que alimenta su apetito de emoción.

En consonancia con nuestro tema, vamos a hablar

en este capítulo acerca de la experiencia adolescente, y especialmente de hijos o hijas que son rebeldes durante ese periodo. Con frecuencia rechazan todo lo que sus padres les han enseñado y defendido, lo cual tiene profundas implicaciones espirituales para el joven. Claramente, quienes son lo bastante mayores para "sembrar trigo" están particularmente en riesgo. El modo en que los padres reaccionan durante estos periodos de confrontación puede acercar a ese hijo pródigo o puede alejarle aún más. Este capítulo hablará de algunos de esos peligros y oportunidades.

En primer lugar, me gustaría que leyese una historia de la vida real acerca de un hijo pródigo cuya madre y padre la compartieron en nuestros programas de radio y en la Internet *Family Talk*. Hubo una mayor respuesta por parte de nuestros oyentes en esas emisiones que en ninguna otra en la historia del ministerio. Obviamente, muchos padres han tenido que tratar con hijos a los cuales ha sido muy difícil educar. Si es usted uno de esos padres o abuelos abrumados, preste atención, porque esto es para usted.

Con nosotros estaban Mitch y Windsor Yellen. Su hijo mediano, Zach, que estaba en España durante esas grabaciones, dio permiso para que sus padres hablasen de su experiencia. También estaba con nosotros para la entrevista nuestro médico residente y copresentadora de nuestra emisión, la Dra. Meg Meeker. Ryan Dobson, mi hijo y también un copresentador de *Family Talk*, estaba también con nosotros. Creo que este intercambio le resultará inspiracional e informativo.

Lo que está a punto de leer es veraz. El texto ha sido editado para pasarlo del lenguaje hablado al lenguaje escrito.

JCD: Tenemos unos nuevos amigos aquí hoy a los que quiero presentar a nuestra audiencia. Son Mitch y Windsor Yellen, y son los dueños de lo que se parece a un castillo aquí en Colorado Springs. Se llama The Pinery. Descríbalo para nosotros, Mitch.

Mitch: Bueno, The Pinery es un centro global para bodas y eventos que proporciona banquetes para nuestros clientes. Incluye un restaurante Cinco Diamantes y un club privado con vistas a la ciudad. Se parece a lo que Ronald Reagan dijo acerca de América. Lo denominó "una brillante ciudad sobre una colina". Eso, podríamos decir, es The Pinery.

JCD: Esa es una buena descripción. Windsor, voy a pedirle que sea usted quien relate su historia familiar. Hablemos primero sobre sus hijos.

Windsor: Tenemos una hija y cuatro hijos, y llevamos casados veintinueve años. Zachariah es nuestro hijo mediano. Se graduó de la secundaria en 2010 y fue a la Universidad Estatal de Colorado ese otoño. Regresó a casa para Acción de Gracias y nos pidió a Mitch y a mí que nos sentáramos para hablar con él sobre algo serio. Entonces dijo que estaba fracasando en todas sus clases. Decir que quedamos decepcionados sería quedarnos cortos.

JCD: Ustedes estaban pagando todas sus facturas escolares…

Windsor: Sí, así es. Le pregunté a Zach si era demasiado tarde para retirarse de modo que sus malas calificaciones no aparecieran en su informe permanente. Él no sabía la respuesta, pero dijo que lo preguntaría al día siguiente. Por tanto, le dije: "Zachariah, también quiero que vayas a la oficina, te des de baja de la escuela y después saques todas las cosas de tu habitación. Entrega las llaves y regresa a casa a Colorado Springs.

Zach hizo eso. Aquello sucedió el día antes de Acción de Gracias.

JCD: ¿Había sido un niño rebelde?

Windsor: No, había sido bastante fácil. Había sido aceptado en dos deportes universitarios. Era el lanzador del equipo de fútbol y el goleador de su equipo. Tenía calificaciones aceptables cuando era un duro muchacho de secundaria. En realidad fue siempre un niño de naturaleza dulce. Siempre ayudaba. Su otro nombre es Benjamín, y en hebreo significa "hombre diestro". Eso realmente describía a Zach. Si alguien tenía problemas con aparatos electrónicos, él por lo general sabía cómo ayudar. Por eso nos sorprendió que le fuese mal en la escuela.

JCD: Su personalidad debió de haber cambiado radicalmente. ¿Es esto correcto, Mitch?

Mitch: Sí. No nos dimos cuenta plenamente en ese momento de que estaba consumiendo drogas. Tan sólo sabíamos que estaba en una oscuridad en su espíritu. Era como una luz que se va apagando. Oigo eso de otros padres de hijos que consumen drogas. Ellos preguntan: "¿Dónde se fue mi hijo?".

JCD: ¿Bebía, fumaba y se juntaba con las personas equivocadas?

Mitch: Sí, y no había nada que realmente pudiéramos hacer al respecto.

Windsor: Cuando regresó a Colorado Springs justamente antes del día de Acción de Gracias, Zach no llegó a casa aquella noche ni devolvió mis llamadas a su teléfono celular. Era muy rebelde. Yo estuve despierta toda la noche orando y pidiendo sabiduría a Dios. También lloraba mucho y decía: "Señor, tengo miedo por mi hijo. No sé qué hacer. Necesito más sabiduría de la que tengo". Mitch y yo nos levantábamos cada mañana y orábamos juntos, pero yo no era capaz de descansar en la noche. Por tanto, después de un par de noches sin devolver mis llamadas, dije: "Zachariah, no puedes vivir aquí si vas a rebelarte contra las reglas de nuestra casa. Una cosa es rebelarse, pero cuando lo haces delante de mi propia cara, prefiero orar por ti y ponerte en manos de Dios". Para mí, fue aterrador.

JCD: Entiendo que Zach tenía dos hermanos más pequeños que observaban a su hermano. Ustedes también estaban preocupados por ellos.

Windsor: Sí. Abraham y Eli estaban observando; y era difícil. Al día siguiente, él no cumplió con su hora de regreso, y apareció a la tarde siguiente cuando yo estaba en su cuarto. Estaba furiosa y preocupada al mismo tiempo. Quería gritarle, pero pude controlar mi enojo y dije: "Tienes que irte".

JCD: Y estaba muy herida.

Windsor: Sí. Muy herida. Lo tomé de modo personal, pero recuerdo que una de las cosas que aprendí de ustedes fue no amenazar con algo que no fuese a hacer. No dije: "Si vuelves a hacer esto, te mataré", porque obviamente no iba a hacer eso. Pero sí le pedí que se fuera.

Así que estaba en su cuarto y comencé a sacar cosas de los cajones y a ponerlas en el piso. Y dije: "Cualquier cosa que dejes la regalaré, y voy a convertir tu cuarto en un cuarto para invitados".

Así de molesta estaba. Y él dijo: "Nunca harás eso". Yo dije: "Zachariah, tienes que irte". En cierto momento miré a Zach y dije: "Si vas a arruinar tu vida, yo no voy a observar. Apagué su teléfono celular y agarré las llaves de su auto. Entonces le acompañé hasta la puerta principal y la cerré cuando él salió. Le miraba desde la ventana. Él fue hasta el final de la acera y entonces esperó.

Yo comencé a llorar y a orar, y vi a un amigo recogerle, y ambos se alejaron.

JCD: ¿Fue ese el momento más difícil de su vida?

Windsor: Fue el segundo más difícil. El momento más estresante fue el día de Navidad, un mes después.

Mitch: Le permitimos venir a casa en Nochebuena, y tuvimos una maravillosa cena en un buen restaurante. Esa noche le marcamos una hora para que regresara, pero él no volvió a casa.

Windsor: Al día siguiente era Navidad. Yo estaba preparando la cena y estaba muy triste. Era un sentimiento horrible que se cernía sobre todos nosotros. Los cinco le extrañábamos, y no sabíamos lo que sucedía porque él no tenía su teléfono. Y no tenía su auto.

Entonces sonó el timbre de la puerta. Yo salí a abrir y el resto de la familia también estaba mirando. Allí estaba Zach. Y yo dije: "Zach, ¿estás preparado para obedecer las reglas de esta casa?".

Él dijo: "No. Solamente he venido para ver lo que me compraron para Navidad". Yo dije: "Nada. Dios te bendiga". Y cerré la puerta. Fue lo más difícil que he experimentado nunca en toda mi vida. Sentí que iba a ponerme enferma.

JCD: Despedir a su hijo, a quien usted había traído al mundo, y hacerlo el día de Navidad tuvo que ser desgarrador. Usted había intentado enseñarle sobre el Señor y pensó que él había aceptado y entendido lo que eso significaba. Pero entonces Zach apareció en la puerta tan sólo para ver lo que le habían comprado. Eso fue poco respetuoso y cruel. Obviamente, Zach estaba diciendo que no tenía intención alguna de seguir su liderazgo, y que iba a seguir consumiendo drogas y desafiando las reglas de la casa. Eso debió de haber sido devastador para ustedes.

Windsor: Fue eso y más. Zach admitió que fumaba, bebía y tomaba pastillas. Yo no sabía qué otra cosa estaba haciendo, pero él no era la misma persona.

JCD: ¿Qué sucedió después?

Windsor: Mis muchachos me miraron y dijeron: "Eres muy mezquina; es Navidad. Eres muy mezquina".

Yo corrí a mi cuarto y me metí en el armario. Lloré, no recuerdo haber llorado así nunca antes, y dije: "Señor, necesito tu ayuda. Tan sólo necesito ayuda". Finalmente salí y me lavé la cara, y desde luego estaba hinchada y tenía los ojos enrojecidos. Bajé las escaleras, y fue literalmente la peor cena de Navidad en la historia del mundo. Estaba lacrimosa; mis hijos y Mitch estaban muy tristes. Estábamos sentados allí, y nadie tenía ganas de comer. Fue horrible.

JCD: Mitch, ¿pensó también usted en ese momento que Windsor era la mujer más mezquina del mundo?

Mitch: ¡Oh, no! Sabía que ella tenía razón; pero yo fui el padre que no tuvo la valentía de responder adecuadamente. No quería ver a Zach alejarse por la puerta, así que le pregunté: "¿Dónde puedo dejarte?". Él quería que le llevase a un barrio que yo no reconocía. Cuando se bajó del auto, le dije que le quería y que estaría orando por él. Tuve que confiar en Dios en ese momento.

JCD: Windsor, usted en realidad no sabía si volvería a ver a su hijo otra vez.

Windsor: No, y sabía que su conducta era peligrosa. Cuando Zach era pequeño y le dábamos sus dulces de Superman o Batman, él saltaba desde el sofá con sus brazos estirados. Aterrizaba en el duro piso y se golpeaba porque pensaba que podía volar. Era muy atrevido y aprovechaba las oportunidades. Yo sabía que aceptaría los riesgos, y eso también me asustaba.

JCD: Bien, continuemos con la historia. ¿Qué sucedió después?

Windsor: La semana siguiente, Mitch y yo seguimos orando y ayunando juntos, y pidiendo dirección a Dios. Creíamos que Él tenía un plan para Zach y que su mano estaba sobre él. Nuestra oración ha sido que él regresara a casa y se disculpara y enderezara su vida. Pero no podía seguir bebiendo, consumiendo drogas y siendo rebelde e irresponsable. Decidimos no mantener contacto con nuestro hijo. Incluso cambiamos las cerraduras de las puertas para que Zach no pudiera entrar y servirse lo que quisiera. Aquel fue un periodo muy difícil, y yo dependía del Señor para que nos ayudara a atravesarlo.

JCD: Le admiro, Windsor. Es usted una mujer muy valiente. Hizo lo correcto, pero no conozco a muchas madres que pudieran haberse mantenido firmes en un momento como ese. Debió de haberle partido el corazón.

Windsor: La tarde de Año Nuevo, Zach llamó a la puerta. Estaba muy triste y dijo: "Mamá, haré todo lo que me pidas. Por favor, ¿puedo regresar a casa?". Y yo dije: "Sí, puedes regresar mientras obedezcas las reglas".

Eso fue en enero, y desde entonces hasta agosto trabajó en el catering de The Pinery. Conducía una camioneta, a veces se levantaba a las cuatro o cuatro y media de la madrugada, se ponía un uniforme y entregaba comida. A veces se quedaba dormido cuando estaba sentado en el sofá después de llegar en la noche. Estaba exhausto. Su trabajo requería levantar peso y duro trabajo. La entrega no es para el débil del corazón; es precisa y hay muchas personas a las que agradar.

JCD: ¿Cumplía las reglas en ese momento?

Windsor: Bueno, sí, pero seguía preguntando: "¿Qué tengo que hacer para regresar a la universidad y que ustedes lo paguen? ¿Qué tengo que hacer para que confíen en mí?".

Yo no estaba realmente segura de qué decirle. A las dos de la mañana fui a la sala familiar en el piso de abajo porque no podía dormir. Estaba sentada ante nuestra computadora y dije: "Señor, ¿podrías por favor enviarme un correo? ¿Podrías hacer que sea claro? Soy un ser humano quebrantado, y quiero hacer lo correcto, pero no sé qué es lo correcto. Necesito ayuda".

Hice una búsqueda en Google, y escribí algo absurdo. Creo que fue "ayuda para hijos rebeldes que no escuchan a sus padres". En la pantalla aparecieron las letras NOLS, siglas en inglés para "Escuela Externa Nacional de Liderazgo". Ellos llevan a los estudiantes a lugares por todo el mundo, para obtener créditos universitarios o no, y había muchachos tan jóvenes como de quince años. Es para jóvenes que quieren aprender acerca de otros lugares. También toman a muchachos que están batallando lejos de los amigos que son una mala influencia, y los llevan al desierto. Uno de sus programas estaba en las montañas Rocosas, comenzando en Lander, Wyoming. Comenzaba en septiembre y ofrecía dieciséis unidades de crédito universitario. Estarían fuera hasta la primera parte de diciembre.

Zach estaría en las montañas rocosas con trece de sus mejores amigos, queriendo decir personas a las que no conocía, y con tres líderes. Cada participante llevaba una mochila de 55 libras (25 kilos), pero no podía llevar drogas, cigarrillos, alcohol, computadora portátil ni teléfono. Solamente estarían Zach y el desierto. Por tanto, le dije: "Si realizas y terminas ese programa en el desierto adecuadamente, y no lo dejas, y obtienes los créditos, papá y yo te daremos la confianza de otro semestre en CSU".

Zach estuvo de acuerdo y trabajó en The Pinery hasta el momento de irse. Se suponía que había dejado de fumar, había comenzado a correr y a levantar pesas para ponerse en forma. Tenía que comprar pronto sus botas y llevarlas con frecuencia. Zachariah fue una semana antes de irse y compró sus botas. No corrió ni una sola vez. No dejó de fumar hasta que apagó el último cigarrillo antes de salir por la puerta para conocer a su líder. En realidad no se preparó en absoluto.

Dos semanas antes de que tuviera que irse, no llegó a casa una noche. Hasta entonces se había comportado muy bien. Mitch y yo nos despertamos a las 6:00 de la mañana y comenzamos a orar porque él no estaba en su cuarto. Tenía un amigo que vivía cerca, así que condujimos hasta su casa. El auto de Zach estaba estacionado delante. Tan sólo estiramos nuestros brazos hacia la casa y oramos por él.

Mitch: Yo recibí una llamada de Zach sobre las 3:30 de la tarde diciendo: "Papá, creo que necesito ir a urgencias". Yo dije: "¿Qué sucede?", y él comenzó a describirme una herida. No parecía tan mal, así que le dije: "Bueno, tú adelántate y llama a tu mamá, cariño. Estoy en una reunión". Si era una emergencia, le dije que iría, así que él llamó a su madre.

Windsor: Yo dije: "Zach, ¿necesitas puntos?". Él dijo: "Bueno, estaba en mi tabla anoche en Cresta Road, y me agaché y me golpeé con un bache". Y dijo: "Creo que necesito que me den puntos en el antebrazo".

Yo dije: "Bien, cariño, ¿cuántos puntos?". Y él dijo: "No lo sé. Me envolví el brazo con una camiseta y se ha quedado pegada a la sangre. Si me la quito me dolerá mucho".

Llegué a casa y básicamente me dijo lo que había estado haciendo. Estaba sobre una tabla larga, y tenía una pierna levantada y la otra no.

JCD: Ryan, ayudarnos a entender. ¿Es como un monopatín grande?

Ryan: Sí.

Mitch: Zach iba a unas 35 millas (56 km) por hora.

Windsor: El accidente sucedió a las 2:00 de la mañana. Él iba "cargado" y la parte frontal de la tabla se golpeó contra el bache. Él sacó el codo derecho y recibió todo el impacto de la caída. Fue una herida horrenda. Yo tomé su antebrazo y lo puse sobre el fregadero y lo remojé. Él estaba sentado en un taburete, y ni siquiera miraba. Me dijo: "Mamá, me están dando náuseas".

Yo eché un vistazo y pude ver el hueso y los tendones, y la herida era muy fea. Así que le dije: "Bueno, vamos al Hospital Memorial". Le metí en el auto y comencé a orar.

Llegamos al hospital y esperamos mucho tiempo en emergencias. Entonces le llevaron a una de las salas, llegó el doctor e inmediatamente comenzaron a limpiar toda la tierra, piedras y restos que habían quedado en la herida.

JCD: Piedras, y tierra y…

Windsor:…y alquitrán. Fue horrible. Ese tipo de herida normalmente me habría dado náuseas, pero no sucedió porque estaba enfocada en Zach. El médico estaba charlando con él, y le preguntó: "¿Cuáles son tus planes?".

Zach dijo: "Bueno, en dos semanas me iré a la National Outdoor Leadership School en Lander, Wyoming, para pasar tres meses en el desierto.

El médico dijo claramente: "¡No, no irás!". Y Zach dijo: "¡Sí, iré!". Y el médico dijo: "¿Quieres perder el brazo? Esta es una herida realmente mala. Necesitas dejar que se cure, y podrías perder todo el brazo si se infecta". Entonces dijo: "Necesito más suturas, regresaré en un momento".

Nos quedamos Zachariah y yo en la sala. Él no es un debilucho, es un muchacho duro, pero me miró.

Maldijo entre dientes y entonces una gran lágrima cayó por sus mejillas.

JCD: ¿Fue esa la primera vez que le vio llorar desde que se hizo adulto?

Windsor: Sí. Zach dijo: "No puedo creer que me haya hecho esto a mí mismo". Y yo dije: "Zachariah, irás a ese viaje". Y él dijo: "No lo creo". Yo dije: "Bien, yo tengo fe suficiente para los dos".

Unos segundos después su papá entró por la puerta y dijo casi exactamente lo que yo había dicho. Miró a los ojos a Zach y dijo: "Irás. Dios cerrará esa herida y tú *irás*". Mitch oró intensamente, tomó su mano y le dijo lo mucho que lo amaba. Le dijo a Zach que Dios tenía un futuro y una esperanza para él, y que no todo había terminado.

Zach nos dijo que ese momento en el hospital fue el punto de inflexión para él.

JCD: La razón de que esa experiencia causara un impacto tan grande en Zach, como yo lo interpreto, es que él vio la compasión de su mamá y su papá. Él sabía que ustedes le querían, aunque no se merecía eso, y aunque había rechazado sus esfuerzos por ayudarle. Él había violado todo lo que ustedes le habían enseñado, y consumía drogas que estaban dañando su cuerpo. A pesar de todo eso, reconoció que su mamá y su papá seguían estando en su equipo. Eso es amor.

Windsor: Tiene razón. Durante dos semanas no salió de la casa. Dijo que había dejado de tomar drogas, pero no podía dejar los cigarrillos porque era adicto a ellos. Dijo que intentó hacer recortes porque sabía que pronto no tendría cigarrillos en el desierto. Un par de semanas después, nos metimos en el auto y nos dirigimos a Lander, Wyoming, y fuimos al hotel Noble, que es el lugar de comienzo. Cenamos juntos; Zach estuvo realmente callado.

Ryan: ¿Cuánto tiempo iba a durar ese viaje?

Windsor: Comenzaban en septiembre y terminaban en diciembre.

Mitch: Serían noventa y cuatro días, y sabíamos que no tendríamos noticias de él durante todo ese tiempo.

Windsor: Zach recogió sus cosas y se dirigió al desierto.

JCD: Creo que nos dijeron que él casi se dio por vencido.

Windsor: Sí, eso casi sucedió al segundo día en el desierto. Él dijo que debido a que no había dejado de fumar y no se había puesto en forma, no estaba preparado para el estrés físico del viaje. Dijo que de los catorce estudiantes que había allí, solamente había una persona detrás de él. Solamente el orgullo evitó que dejase que aquella persona se pusiera por delante en el camino. Tan sólo seguía pensando en su cabeza: "Yo no puedo ser el último. No puedo ser ese tipo".

Su naturaleza competitiva entró en juego y le ayudó un poco. El segundo día llovió muchísimo. Mientras seguían ascendiendo, se asentó la niebla y su líder perdió sus pertenencias. Llegaron lo bastante alto en elevación donde la lluvia se convirtió en nieve. Zach no había puesto sus cosas dentro de una bolsa de plástico en la mochila; por tanto, todo quedó empapado y helado, y la mochila era más pesada cuanto más caminaban. Finalmente establecieron campamento.

Uno de los principios cardinales por los que se rige NOLS es "no dejar rastro detrás". Ya que no podían encontrar su campamento, no había un lugar adecuado para encender un fuego. Quienes viajaban no podían dejar una marca donde antes no hubiera habido otra. Así que se estaban congelando.

Los muchachos no sabían cómo montar su tienda, y su líder quería que fuese un momento de enseñanza, así que no les ayudó. El recuerdo de Zach es de estar sentado con su tienda mojada al lado de su mejilla, y no dormir mucho. Por tanto, al día siguiente estaba tan frustrado y cansado que cuando llegaron al campamento, se quitó la mochila de la espalda bruscamente. Cuando lo hizo, una de las tiras se enganchó en su brazo y abrió la herida.

JCD: Y no había ninguna ayuda médica de emergencia en la montaña.

Windsor: No había tratamiento alguno disponible a excepción de meterlo en agua caliente. Por tanto, cada día su líder que le ponía una inyección de agua caliente en la herida y volvía a vendarla. Zach dijo que fue horrible.

Ryan: Creo que a eso lo llamas amor firme, papá.

JCD: Eso es exactamente lo que fue, Ryan. Es como el campamento de entrenamiento para los reclutas marines en Parris Island. Ellos llegan como muchachos indisciplinados, con quejas y perdidos, y salen como marines. Es un asalto a todo el sistema, pero edifica carácter y fortaleza.

Windsor: Así que pasaron septiembre, octubre y noviembre, y yo realmente extrañaba a mi hijo, especialmente en Acción de Gracias, recordando el horrible momento que habíamos pasado el año anterior. Yo estaba en la cocina una noche durante la primera semana de diciembre, y sonó mi teléfono celular. El indicador de llamada indicaba que era Zach, y me sorprendió porque yo sabía que estaba en el desierto.

No podía imaginar quién tenía su teléfono. Dije: "Hola", y Zach dijo: "¡Hola, mamá!". Yo estaba tan contenta de oír como lo dijo, que podía decir que en cierto modo había algo distinto.

Dije: "Zach, ¿dónde estás?". Y él dijo: "Estamos en las rocas rojas fuera de Las Vegas. Podemos ver las luces, y podemos captar una señal de celular". Dijo: "Mamá, sólo tengo unos minutos antes de tener una reunión de equipo, pero quiero hacerte una pregunta". Yo dije: "Claro, dime". Él dijo: "Si fueses a leer tu Biblia, ¿dónde comenzarías?".

Gloria al Señor porque mi esposo metió un diminuto Nuevo Testamento en su mochila sin que Zach lo supiera en ese momento. Debió de haberlo encontrado. Así que le dije: "Bueno, si fuese yo, leería el Evangelio de Juan". Y él dijo: "Bien, tengo que irme, pero esta noche me dejarán ponerme en contacto contigo otra vez y te llamaré".

JCD: ¿Le saltaba el corazón?

Windsor: ¡Latía con fuerza! Así que llamé a Mitch y oramos durante esa tarde. Esperamos y oramos, y esperamos y oramos. Cuando sonó el teléfono unas horas después, yo dije: "Hola. ¿Hola?". Y esa dulce voz dijo: "¿Mamá?".

"Sí, Zachariah". Él dijo: "Necesito ayuda". Yo dije: "Zach, todo el mundo necesita ayuda, cariño". Y él dijo: "¿Orarías por mí?". Y yo dije: "Zachariah, ¿quieres que ore por ti, o quieres pedir a Jesús que entre en tu corazón?". Y él dijo: "Sí".

Así que guié a mi hijo en la oración del pecador, y ese fue el mejor día de mi vida.

JCD: Tengo un nudo en la garganta.

Windsor: Zachariah es muy diferente. Nunca ha mirado atrás desde aquel día. Llegó con esa mata de cabello que tiene y una gran sonrisa. Zach tiene unos hermosos ojos azules, y brillaban. Y uno sabe que no es como si todas las luchas terminaran cuando Jesús entra en el corazón. Es "el camino menos transitado", y sí luchamos para llegar a ser más semejantes al Señor. Pero es que Dios tuvo un encuentro con él de una manera muy dulce en aquel desierto. Él dijo que muchas veces se sintió completamente solo, y cuando daba vueltas en su saco de dormir en la noche, mirando a las estrellas, lo supo. Dijo que no podía evitar saber que Dios estaba allí, y uno no pensaría que él entendería eso, pero lo entendió.

JCD: Y Jesús lo sabía. Cuando ustedes estaban orando y parecía que Él no escuchaba, estaba lo bastante cerca para tocar. A veces lo único que oímos en una crisis es: "Confía en mí". Pero el Señor no pasa por alto nada. Cuando ustedes clamaban aquí en su temor y sufrimiento, Él le guió al sitio en la internet, donde usted supo del programa en el desierto. El Espíritu Santo también estaba con Zach cuando estaba tumbado bajo las estrellas y sintió el llamado a rendir su corazón. Yo también lo experimenté, en un campamento de verano en la secundaria, y fue maravilloso. Le pregunté a Windsor si podíamos relatar esta historia porque quería que nuestros oyentes escucharan su compasión. Ahora oigamos la historia de parte de usted, Mitch. ¿Qué sucedía en su interior durante toda esa situación?

Mitch: Se me partía el corazón durante la peor parte. No podía dormir por la noche. Daba vueltas y vueltas todo el tiempo. Oré por Zach desde que él era un niño. Le guíe en la oración del pecador cuando tenía seis o siete años, como muchos padres hacen con sus hijos. Pero yo tenía fe, y creía que Dios cambiaría la situación y que se haría cargo espiritualmente. Pedí que la fe de Zach volviese a ser nueva.

JCD: Es significativo que ustedes tienen cinco hijos pero solamente uno llegó a ser un pródigo. Zach fue el hijo por el que ustedes estaban despiertos en la noche y oraban. Él era su oveja perdida. Lucas 15 describe a un pastor que tenía cien ovejas bajo su protección, y una de ellas se alejó y se perdió. El pastor dejó a las noventa y nueve para buscar a la que se había perdido. De la misma manera, ustedes intentaban salvar al muchacho que tenía problemas.

Mitch: Eso es *exactamente* lo que estábamos haciendo. Zach tenía problemas. Oramos por todos nuestros hijos, pero estuvimos intercediendo, ayunando y pidiendo a Dios que cambiase a nuestro hijo.

JCD: Ahora bien, hay más en esta historia, pero quiero que Ryan y la Dra. Meeker participen en la conversación. Ryan, ¿ves alguna similitud con tu propia experiencia en esa misma época de tu vida?

Ryan: Desde luego. Mi historia se parece a la de Zach en algunos aspectos. A mí no me gustaba la escuela y no quería ir a la universidad. Tenía un buen trabajo, y pagaba *en efectivo*. Podía ver lo que había logrado al final del día. Pero mis padres querían que yo tuviese una educación, así que fui. No estaba en rebelión. Sencillamente jugueteaba y sacaba malas calificaciones. No ponía el corazón en ello.

Cuando papá veía mis notas, me llamaba y me decía: "Mira, Ryan, no podemos malgastar el dinero de Dios. Si sacas otra mala calificación, llámame". No estábamos enojados el uno con el otro. Era tan sólo una tranquila conversación de hombre a hombre. En esa época me gustaba estar en la universidad pero no me iba bien allí. Unos meses después, llamé a mi papá para decirle que había sacado otra mala calificación, y él me dijo: "Bien, Ryan, se ha terminado. Deja la escuela y piensa en lo que vas a hacer con tu vida. No puedes venir a casa porque eso sería demasiado fácil. Encuentra un lugar donde vivir y conseguir un trabajo. Quizá puedas servir hamburguesas o encontrar otra manera de poder sostenerte".

Nunca he estado tan asombrado en toda mi vida. Sabía que mi papá quería que yo obtuviera una educación, pero recortó el dinero y me sacó de la escuela. Colgué el teléfono y fue como si todo el peso del mundo estuviera sobre mis espaldas. Estaba asustado y no tenía ningún plan para lo que llegaría a continuación.

Regresé a Colorado Springs, que era el peor lugar donde ir porque la economía estaba muy mala en aquella época. Realmente no sabía si podría sobrevivir. Escogí ese lugar porque pensé: "Es mejor que esté cerca de mis padres porque no creo que ellos me dejasen morir de hambre o quisieran verme vivir debajo de un puente".

Busqué por todas partes un trabajo y finalmente lo encontré como muchacho del autobús ganando cinco dólares por hora. Tuve suerte de encontrarlo. Más de trescientas personas habían solicitado ese empleo. Jefes de cocina con credenciales lo solicitaron tan sólo para poner su pie en la puerta. Alquilé una cabaña de cien años de antigüedad por cien dólares al mes y mi papá pagó el alquiler del primer y último mes. La cabaña era un desastre. Yo estaba adelgazando y era una completa confusión. Era lo único que podría permitirme.

Papá, dile a todo el mundo lo que sucedió después.

JCD: Fue una época aterradora para todos nosotros. Sacar a Ryan de la escuela fue lo más difícil que he tenido que hacer nunca. Estaba lleno de peligro. Yo sabía que quizá él nunca regresara al camino, y podría haber arruinado su vida. Podría haberse convertido en una persona de la calle o algo peor. Él estaba en un punto de crisis, y nosotros orábamos por él diariamente.

Unos seis meses después, Ryan estaba en nuestra casa para cenar y hablamos. Nunca olvidaré ese momento. Él dijo: "Papá, esas personas con quienes trabajo no van a ninguna parte. Están totalmente perdidas". Yo dije: "Lo sé, Ryan. Eso es lo que sucede si no te preparas para una vida mejor". Entonces dije: "¿Te gustaría tener otra oportunidad?". Él no sabía a qué me refería, y dijo: "Otra oportunidad ¿en qué?".

Diré con una sonrisa que Ryan debió de haber pensado que yo iba a dispararle. Dije: "Otra oportunidad en la universidad. Estoy pensando en darte otra oportunidad, pero solamente durante un semestre. Si te aplicas, aprobaré otro; pero si vuelves a juguetear, estarás solo".

Ryan me miró con incredulidad. No podía creer lo que estaba oyendo. Aceptó el reto y se matriculó en la Universidad Biola. Se graduó allí y yo hablé en su ceremonia de graduación. Aquí está él hoy. Es el autor de cinco libros, un orador y maestro muy diestro, y tiene una familia maravillosa. Estoy muy orgulloso de él. Y ahora tenemos el privilegio de trabajar juntos en *Family Talk*. Como a ustedes, Mitch y Windsor, el Señor nos llevó por nuestro periodo en el valle y respondió nuestras fervientes oraciones.

Dra. Meeker, ¿en qué está pensando?

MM: Al escuchar estas historias, especialmente la suya, Windsor, me preguntaba: "¿Podría yo haber hecho lo que ustedes hicieron? ¿Habría tenido yo, como madre de *mi* hijo de veintiún años, la valentía de hacer sus maletas y decirle que se fuera? ¿Le habría acompañado hasta la puerta el día de Navidad y la hubiera cerrado tras él? No sé si podría haberlo hecho, y por eso admiro su fortaleza.

Cuando sus hijos le dijeron: "Mamá, eres muy mezquina", estoy segura de que usted se sintió mezquina. Pero veamos a quién llamó Zach desde aquella cumbre del monte con vistas a las luces de la ciudad. Él le llamó a usted, la que era "mezquina" porque confiaba en usted y sabía que usted le quería. Qué maravillosa lección para las madres que nos están escuchando. Usted,

Windsor, quien echó a su hijo, fue a quien él acudió para encontrar consuelo.

Me recuerda Proverbios 22:6, que dice: "Instruye al niño en su camino, y aun cuando fuere viejo no se apartará de él". Nosotros como mamás no pensamos por naturaleza en instruir a nuestros hijos; tendemos a pensar en ser amorosas, y ser amables, y darles cosas, y hacer que la vida sea fácil para ellos. Pero la responsabilidad de la instrucción es mucha. Es difícil. Es doloroso. No hay nada fácil al respecto. Pero usted lo hizo, ¡y le aplaudo!

Windsor: En realidad tengo que dar todo el mérito al Señor por susurrar a mi corazón cuando yo realmente necesitaba escuchar de Él. Eso es lo que he aprendido a hacer. Cuando tengo miedo, confío en el Señor y Él siempre está ahí. Él ama a nuestros hijos más que nosotros. Ellos le pertenecen a Él, y Él los deja a nuestro cargo durante un breve periodo para que los eduquemos con lo mejor de nuestra capacidad.

JCD: Todos nosotros somos hijos pródigos cuando en realidad todo lo reducimos a eso. Hemos desobedecido al Padre.

Windsor: Sí. Yo he cometido mis errores. He malcriado a veces a nuestros hijos, y otras veces he sido rígida y enojada. A veces les he gritado y me he comportado horriblemente. He tenido éxitos y he tenido fracasos. Pero, mire, sus misericordias son nuevas cada mañana. Él es fiel, y si confesamos nuestras faltas y le pedimos ayuda, Él perdonará y sanará. Si pudiera alentar a nuestros oyentes, diría que no tienen la toalla. Sigan orando y ayunando. Al final todo saldrá bien.

Mitch: Miren, querría compartir algo con los padres. Windsor y yo sabíamos que estábamos tratando con la oscuridad espiritual en nuestro hogar, y por eso nos pusimos la armadura de Dios cada mañana antes de salir a la batalla. Sabíamos que teníamos que pelear por el alma de nuestro hijo, y que no podríamos prevalecer contra el mal en nuestras propias fuerzas.

JCD: Mitch, hemos elogiado a Windsor por su valentía en esta situación, pero usted también se merece un aplauso. Usted no fue quien disciplinaba, pero sabía que su papel era apoyar a su esposa. Lo hizo bien.

Mitch: Francamente, estaba asustado; asustado de enviar a Zach al mundo solo, pero sabía que estar al lado de Windsor era lo correcto que tenía que hacer.

Windsor: Mitch sí me apoyó en mis horas más oscuras. Sus ojos estaban llenos de lágrimas y estaba muy triste. Pero yo sabía que él estaba conmigo.

JCD: Si Mitch no hubiera proporcionado ese apoyo cuando sus hijos le criticaron a usted, Windsor, él habría destruido su autoridad y debilitado su confianza. Mitch, háblenos sobre su niñez y por qué le dio un espíritu tierno. Usted fue educado en un hogar muy permisivo, ¿verdad?

Mitch: Mi madre nos abandonó cuando yo tenía once años, y mi padre era adicto al trabajo. Estuve solo desde entonces.

JCD: Entonces ¿no tuvo mucho amor paternal?

Mitch: No mucho amor paternal.

JCD: Y eso hizo difícil para usted confrontar. Bueno, a la luz de eso, creo que es elogiable el apoyo que usted fue para Windsor cuando ella pasó su prueba de fuego.

MM: Windsor, sé que hay madres ahí que tienen hijos o hijas preadolescentes o adolescentes. Hay una madre que nos escucha hoy y que tiene una hija de catorce o quince años que es muy rebelde y consume drogas, o está cruzando todos los límites en el hogar y en la escuela. ¿Qué le recomendaría? Ella tiene temor de confrontar su hija porque podría hacer que se alejara. ¿Querría hablar directamente a esa mamá? Porque hay muchas como ella.

Windsor: Lo primero que sugeriría que pidiera a Dios es que le dé escrituras por las que pueda orar por sus hijos. El versículo que Él nos dio a Mitch y a mí fue Colosenses 1:9, que dice:

> Por lo cual también nosotros, desde el día que lo oímos, no cesamos de orar por vosotros, y de pedir que seáis llenos del conocimiento de su voluntad en toda sabiduría e inteligencia espiritual.

Oramos ese versículo cada día porque sabíamos que no teníamos la sabiduría para manejar nuestra situación familiar. Entonces le pedí a Dios que me mostrara las cosas que les importaban más a mis hijos y que yo podía utilizar para hacer que jugasen según las reglas.

Cada hijo o hija tiene algo que considera de mucho valor. Para algunos es su teléfono; para otros es un juego de video o un deporte al que le encanta jugar, o amigos con los que pasa tiempo. Es realmente importante saber lo que enciende el ánimo de sus hijos y después estar dispuesto utilizar esos privilegios como palanca cuando ellos se revelan. Hay que tener cierta medida de control. Las palabras vacías no funcionan, porque a los adolescentes no les importa eso.

Otra sugerencia es orar *con* otra persona. Jesús dijo: "Si dos de ustedes se ponen de acuerdo en lo que piden, será hecho por mi Padre que está en los cielos".[1] Eso es una promesa.

Saben que hay también poder en la alabanza a Dios en medio de la dificultad. Tenemos que rendirnos a Él y decir: "Aunque no lo entendamos, confiamos en ti. Eso agrada al Señor.

Finalmente, creo en el *ayuno* y la oración. Jesús no dijo: "*Si* ayunan...". Él dijo: "*Cuando* ayunen". Él supuso que lo haríamos.

MM: Me gustaría hacer una pregunta a Mitch. Para el papá que está ahí cuyos hijos tienen graves problemas, ¿qué consejo puede ofrecerle?

Mitch: Al tener el tipo de antecedentes que yo he tenido, no había un fuerte terreno de entrenamiento para que yo supiera qué hacer. Mire, cuando llegan los hijos, no hay ningún libro de instrucciones que detalla lo que se debe hacer. Windsor tomó la iniciativa al principio y yo la seguí, pero lo que aprendí a lo largo de los años, y al leer sus libros, Dr. Dobson, es que por mucho que me duela decir "no" a mi hijo o mi hija, o establecer horas de llegada definidas para ellos, sé que hay que hacerlo. No ceda en ese momento de crisis. Hay momentos en que tiene que ser duro. Incluso si ellos contraatacan y dicen "te odio", o "estoy enojado contigo", usted es el papá y tiene que mantenerse firme. Entonces siga amándoles incondicionalmente. Eso es lo que hicimos Windsor y yo, y nuestro hijo regresó cuando escuchó la voz del Señor.

MM: ¡Sí! Si no permanece firme, destruye a ese joven. Tengo una página de Facebook en *Family Talk*, que incluye una sección regular titulada "Pregunte a la Dra. Meg". Los padres me llaman y preguntan sobre cómo manejar a niños tan jóvenes como de siete, ocho o nueve años. Esos pequeños ya están fuera de control. Son irrespetuosos, no les importan las cosas, e incluso maldicen a sus padres. Hay mamás que me dicen: "No hay nada que yo pueda hacer para controlarlos". ¡Claro que lo hay! Los padres tienen la autoridad de poner freno a sus hijos rebeldes, pero se necesita valentía para hacerlo. Ellos no pueden seguir vivos sin nosotros, especialmente los niños que están en la primaria. En cambio, muchos padres rinden su posición de poder ante sus hijos y les permiten que hagan lo que quieran. Están obstaculizando a sus hijos cuando hacen eso.

JCD: Estoy totalmente de acuerdo, Meg. Una pregunta que con frecuencia me hacen los padres, normalmente las madres, es una variación de este tema: "Tengo un hijo de diecinueve años que es engreído y también irrespetuoso con su papá y conmigo. Sale con las personas equivocadas, se queda durmiendo hasta mediodía, y ni siquiera busca un empleo. Utiliza malas palabras y lo único que quiere hacer es ver la televisión o jugar juegos de video. Ni siquiera saca la basura ni hace su cama. También tiene pornografía en su cuarto. Podría incluso estar consumiendo drogas, pero yo no lo sé. No le he preguntado. Tenemos miedo de él y no sabemos qué hacer". Los detalles difieren, pero esta es una situación típica. Entonces esa mamá dice: "Él hace que nuestras vidas sean desgraciadas".[2]

Yo por lo general digo: "Le daré cuatro palabras de consejo: 'Ayúdele a hacer la maleta'. Él quiere que usted le prepare la comida, lave su ropa, soporte sus comentarios, le proporcione un seguro, ponga un techo sobre su cabeza y pague su auto, y así continúa. Si usted apoya a ese hijo o hija tan perezoso e irrespetuoso, se ha convertido en un capacitador para ese joven. Debido a que le quiere, está haciendo posible que su hijo desperdicie su vida y malgaste oportunidades de enderezarse. Su cohete está esperando en el lugar de lanzamiento, pero no se eleva. Repito: sugiero que ponga sus cosas en la puerta de entrada y le diga que es momento de llegar a conocer el mundo real".

En esencia, eso es lo que hizo Windsor. Ella envió a Zach a hacer las maletas. Fue lo mejor que podía haber hecho, y él lo sabía.

MM: Deberíamos hablar también de la madre soltera que intenta manejar a un hijo rebelde, o a dos o más. Estoy muy interesada en ella. Ha estado en desventaja desde que sus hijos eran pequeños. Solamente los ve la mitad del tiempo, y puede que su esposo esté contrarrestando todo lo constructivo que ella ha intentado hacer. Esta mamá tiene miedo a confrontar a su hijo porque él o ella podrían decidir vivir con un padre permisivo que no tiene regla alguna. Oigo de esas madres con frecuencia y mi corazón se identifica con ellas.

JCD: Yo también oigo de ellas, Meg. He dicho muchas veces que la madre soltera que batalla para ganarse la vida y educar también a hijos saludables, tiene el trabajo más difícil del universo. El resto de nosotros deberíamos hacer todo lo que podamos para echarle una mano. Tendremos que hablar de eso en otro programa.

Se nos ha terminado el tiempo hoy, pero déjenme decirles, Mitch y Windsor, lo mucho que agradecemos que hayan estado dispuestos a compartir su íntima historia con nuestros oyentes. Por favor, den las gracias también a Zach por permitirnos hablar de su experiencia. La próxima vez que esté en casa, me gustaría conocerle y darle un apretón de manos.

Bendiciones para todos.

Mitch y Windsor: Se lo diremos a Zach, y muchas gracias por habernos invitado.

Más adelante

Esta conversación con la familia Yellen fue muy inspiracional para mí. Espero que también le haya gustado a usted. Permítanme ofrecer algunas observaciones y conclusiones sobre lo que acabamos de oír. Al principio pensé que Zach era el clásico individuo terco, pero claramente no lo era. Como su madre nos dijo, era un muchacho dulce hasta que se graduó de la secundaria. Se torció después porque se juntó con los amigos equivocados y se metió en las drogas y el alcohol. Esta combinación puede redirigir totalmente los valores, la motivación y la personalidad de cualquiera, especialmente de un muchacho que esté bajo la influencia de una testosterona que aumenta. También supondría que algo importante le sucedió a Zach cuando estaba en la universidad. No conozco esa historia, pero parece que algo cambió su proceso de pensamiento.

Recordará que Mitch citó a un hombre que dijo: "¿Dónde se fue mi hijo?". Millones de padres se han hecho esa misma pregunta. Dicen: "De la noche a la mañana, mi hijo se convirtió en alguien a quien apenas reconocía". Cuando un adolescente o joven adulto comienza a ir a fiestas y consumir drogas que alteran la mente, la conducta extraña está a la orden del día. Eso obviamente pasó factura a Zach. ¿Por qué un muchacho inteligente se subiría a una tabla en mitad de la noche corriendo a 35 millas por hora? La respuesta es que estaba "cargado", como admitió ante su madre. Supongo que era inevitable que se golpease con *algo*. No estaba en su sano juicio.

Me uno a Mitch y Windsor en dar gracias a Dios por el cambio en Zach. ¿Qué fue lo que realmente lo produjo? La respuesta a esa pregunta puede ser útil para aquellos de mis lectores que sigan tratando con un hijo o hija descarriado.

Zach tenía cuatro puntos positivos que obraron en su favor. Primero, tenía una familia fuerte, amorosa e intacta. Mitch y Windsor querían a todos sus hijos, y cada uno de ellos lo sabía. Esos padres sirvieron como un ancla cuando la barca de Zach se movía y daba vueltas.

Segundo, Mitch y Windsor sabían que la oración era lo que más necesitaban. Creo que el Señor honró su ayuno y sus oraciones, e hizo regresar a su hijo "a casa".

Tercero, Zach tenía un fundamento espiritual sobre el que finalmente se basaron su arrepentimiento y renovación. Mitch había guiado a su hijo a tener una relación con

Jesucristo cuando era un niño pequeño. Esa enseñanza temprana se volvió muy valiosa cuando se produjo la crisis.

Finalmente, Mitch era un padre muy bueno y amoroso, pero puede que no hubiera comprendido plenamente los principios de "el amor debe ser firme". Hay un momento para la responsabilidad y la fortaleza. Esa experiencia requería no solamente una bondad amorosa sino también firmeza. Ambas cosas funcionan mejor cuando operan en tándem.

Se requiere ser firme en el contexto del amor, como cuando un esposo o esposa está teniendo una aventura amorosa, o es un alcohólico no arrepentido, o está causando bancarrota a la familia con una adicción al juego, o cuando está profundamente metido en la pornografía. El cónyuge que se esté comportando irresponsablemente e irrespetuosamente necesita la fortaleza y la convicción del otro cónyuge para ayudarle a tomar las decisiones difíciles, aunque haya una feroz oposición. Intentar apaciguar y la debilidad NO FUNCIONAN en los asuntos humanos. Esa es la lección de la historia.

El primer ministro Neville Chamberlain voló a Múnich en 1938 para reunirse con el canciller alemán Adolfo Hitler. El brutal dictador quería apoderarse de Checoslovaquia y esclavizar a su pueblo. Prometió que no haría ninguna otra reclamación territorial si el gobierno británico no se oponía a esa adquisición. Chamberlain estuvo de acuerdo y voló de regreso a Londres. Se le sigue viendo en filmaciones hoy día ondeando un documento firmado por Hitler y afirmando: "Paz en nuestro tiempo".[3] Lo que siguió fue la deshumanización del pueblo checoslovaco y cinco años de amarga guerra mundial durante los cuales murieron 50 millones de personas. Chamberlain lo preparó al agradar a un asesino de masas.

Eso también es cierto para los adolescentes que regularmente regresan a casa borrachos a altas horas de la madrugada, vomitan en el cuarto de baño y son incapaces de trabajar al día siguiente. El joven está en un profundo problema y necesita que unos padres firmes le confronten. Apaciguar a un adolescente que se comporta así y dar dinero para mantener la paz es convertirse en un incitador. Eso será un obstáculo para ellos a su tiempo.

No sé si Windsor había leído mi libro *El amor debe ser firme*,[4] pero ella entendió por intuición los principios que el libro expone. Aunque fue terriblemente molesto confrontar a su querido hijo, ella tuvo la valentía de decir, si puedo parafrasearlo: "No puedo evitar que hagas naufragar tu vida, pero ciertamente no tengo que observar cómo sucede". Ella dijo de manera inequívoca: "Hagamos la maleta".

Permítanme decirlo de un modo diferente. Un amor firme es lo que más se necesita cuando alguien a quien se quiere profundamente, ya sea un cónyuge o un hijo, se comporta de modo irracional y necio. Uno de los padres (Windsor en este caso) debe reaccionar con firmeza, valentía, convicción y pasión. No puede haber indecisión alguna en ese momento de confrontación. Eso es exactamente lo que proporcionó Windsor. Ella no gritó insultos ni lanzó amenazas vacías. Su reacción fue un caso clásico de amor firme en acción.

Como dijo la Dra. Meeker, hay muy pocas mamás que pudieran haber manejado tan bien ese horrible momento. Por eso todos la elogiamos por ello. El amor firme no se detuvo ahí. Continuó hasta que Zach se dio cuenta de que había arruinado su vida, y llamó desde la montaña para decir: "¿Orarías por mí?".

Windsor respondió: "Zachariah, ¿quieres que ore por ti, o quieres pedir a Jesús que entre en tu corazón?". Y él dijo: "Sí".

Esa fue la parte amorosa de la relación. Windsor no sermoneó a su hijo y le dijo todo el daño que le había hecho a ella y a la familia. No, ella mostró compasión y amor maternal a su hijo.

Otro componente de "el amor debe ser firme" es que es más exitoso en una crisis. Es entonces cuando es más probable que se produzca el cambio. No sucede cuando dos personas agitadas y enojadas están enfrascadas en una colisión de voluntades. El "acercamiento" por lo general se produce más adelante, cuando convicción y compasión interactúan. Repito: Windsor respondió como la mamá cristiana que es. Pidió guía al Espíritu Santo y la recibió.

Para ilustrarlo un poco más, leamos la parábola del hijo pródigo, relatada por Jesús y registrada en Lucas 15:11-32. Verá como esta historia coincide con lo que leímos en la experiencia de los Yellen. Aunque no se hace referencia a la Escritura y a las palabras de Jesús como "amor firme", eso es exactamente lo que yo lo llamaría. Verá por qué al repasar la historia:

> Un hombre tenía dos hijos. El hijo menor le dijo al padre: "Quiero la parte de mi herencia ahora, antes de que mueras". Entonces el padre accedió a dividir sus bienes entre sus dos hijos. Pocos días después, el hijo menor empacó sus pertenencias y se mudó a una tierra distante, donde derrochó todo su dinero en una vida desenfrenada. Al mismo tiempo que se le acabó el dinero, hubo una gran hambruna en todo el país, y él comenzó a morirse de hambre. Convenció a un

agricultor local de que lo contratara, y el hombre lo envió al campo para que diera de comer a sus cerdos. El joven llegó a tener tanta hambre que hasta las algarrobas con las que alimentaba a los cerdos le parecían buenas para comer, pero nadie le dio nada.

Cuando finalmente entró en razón, se dijo a sí mismo: "En casa, hasta los jornaleros tienen comida de sobra, ¡y aquí estoy yo, muriéndome de hambre! Volveré a la casa de mi padre y le diré: 'Padre, he pecado contra el cielo y contra ti. Ya no soy digno de que me llamen tu hijo. Te ruego que me contrates como jornalero'".

Entonces regresó a la casa de su padre, y cuando todavía estaba lejos, su padre lo vio llegar. Lleno de amor y de compasión, corrió hacia su hijo, lo abrazó y lo besó. Su hijo le dijo: "Padre, he pecado contra el cielo y contra ti, y ya no soy digno de que me llamen tu hijo".

Sin embargo, su padre dijo a los sirvientes: "Rápido, traigan la mejor túnica que haya en la casa y vístanlo. Consigan un anillo para su dedo y sandalias para sus pies. Maten el ternero que hemos engordado. Tenemos que celebrar con un banquete, porque este hijo mío estaba muerto y ahora ha vuelto a la vida; estaba perdido y ahora ha sido encontrado". Entonces comenzó la fiesta.

Mientras tanto, el hijo mayor estaba trabajando en el campo. Cuando regresó, oyó el sonido de música y baile en la casa, y preguntó a uno de los sirvientes qué pasaba. "Tu hermano ha vuelto —le dijo— y tu padre mató el ternero engordado. Celebramos porque llegó a salvo".

El hermano mayor se enojó y no quiso entrar. Su padre salió y le suplicó que entrara, pero él respondió: "Todos estos años, he trabajado para ti como un burro y nunca me negué a hacer nada de lo que me pediste.

Y, en todo ese tiempo, no me diste ni un cabrito para festejar con mis amigos. Sin embargo, cuando este hijo tuyo regresa después de haber derrochado tu dinero en prostitutas, ¡matas el ternero engordado para celebrar!".

Su padre le dijo: "Mira, querido hijo, tú siempre has estado a mi lado y todo lo que tengo es tuyo. Teníamos que celebrar este día feliz. ¡Pues tu hermano estaba muerto y ha vuelto a la vida! ¡Estaba perdido y ahora ha sido encontrado!" (véase Lucas 15:11-32, ntv).

Este relato contiene varios puntos importantes a entender que son muy relevantes para nuestro tiempo. Primero, el padre no intentó localizar a su hijo y arrastrarle a casa. Parece que el muchacho era lo suficientemente mayor para tomar sus propias decisiones, y el padre le permitió que determinase su curso.

Segundo, el padre no salió a su rescate durante las dificultades económicas que siguieron. Él era un propietario rico y podría haber enviado a sus sirvientes para llevarle consuelo. Tampoco le envió dinero. No había ninguna iglesia ni agencia del gobierno con buena intención que ayudase a apoyar esa necedad. Notemos en los versículos 16:17: "nadie le dio nada…entró en razón". Existe una potente conexión entre esos dos versículos. El hijo pródigo aprendió de la adversidad. El padre que está demasiado ansioso por aliviar la angustia de un hijo o una hija cuando se han comportado neciamente podría estar haciendo muy poco bien.

Tercero, el padre dio la bienvenida a su hijo a casa sin darle un sermón ni demandar restituciones. No le dijo: "¡Te dije que estropearías las cosas!", ni: "Has avergonzado a tu mamá y a mí, y a toda la familia". En cambio, corrió para reunirse con su hijo y le abrazó. Repito: esta es la parte "amorosa" de el amor debe ser firme. El padre dijo: "Estaba perdido y es hallado", y la familia lo celebró con una fiesta. En cuanto al hermano mayor, él sabía cómo ser firme, pero no tenía idea alguna sobre cómo amar.

Aunque esta comprensión sobre la resolución del conflicto es bastante sencilla de entender, algunos padres tienen problemas para captarlo. Si tienen temor a hacer sentir a su hijo incómodo o infeliz cuando él o ella está equivocado o ha cometido pecado (o ambas cosas), tienen que ser firmes. Si los padres carecen de la determinación para ganar las inevitables confrontaciones que surjan, el hijo sentirá su vacilación y los presionará aún más. Si se produce apaciguamiento, eso supone una cortina para la relación. El resultado final será el de unos padres frustrados, irritados e ineficaces e hijos rebeldes, egoístas e incluso más testarudos.

Creo que Dios le dio a Windsor la sabiduría que ella pidió cuando su hijo estaba al límite. Mientras tanto, el Señor estaba obrando también en el corazón de él. El resultado fue notable. A Zach le va muy bien. Recientemente hizo un comentario sobre la historia que acabamos de leer. Dijo: "Mira, mamá, esto no se trata de mí, se trata de la fidelidad de Dios". ¡Amén! Mientras escribo, Zach trabajó el último verano en un campamento cristiano para niños y adolescentes. ¿Quién sabe lo que el Señor tiene preparado para él?

El programa que emitimos[5] con Mitch y Windsor Yellen ha producido una maravillosa respuesta para la emisora y para nuestro sitio web. Windsor es una oradora muy eficaz. Si quisiera que ella contase su historia en un evento cristiano, puede conseguir información poniéndose en contacto con su asistente, Stephanie, en stephanie@thepinery.com o llamando al 719-475-2600.[6]

CAPÍTULO 9

Alcanzar a nuestros padres no salvos

A menudo es muy difícil que los hijos e hijas guíen a sus padres no creyentes a Jesucristo. Hay muchas razones para ello, incluyendo una reticencia a avergonzar o irritar a los miembros mayores de la familia. A menudo suponen que los compromisos espirituales se hicieron a una edad más temprana, e ignoran el asunto. Hablar acerca de preocupaciones espirituales sencillamente es demasiado incómodo. Nuestros padres nos trajeron a este mundo y luego nos educaron durante dieciocho o veinte años. Ellos representaban la autoridad, la cual nosotros aceptamos o resistimos. En cualquiera de los casos, eso hace que estemos intranquilos a la hora de hablar de ciertos asuntos. La religión puede ser uno de ellos, a menos que las generaciones tengan perspectivas similares. Por tanto, convencer a papá o a mamá, o hermanos o hermanas, o tíos y tías, de que tienen que arrepentirse y aceptar las afirmaciones de Cristo es todo un reto. Por lo general, el asunto se ignora y los años pasan en silencio. Eso no siempre es así, pero ocurre frecuentemente.

Quizá la experiencia de nuestra familia resulte útil, aunque ninguna de las explicaciones mencionadas anteriormente sean relevantes para nosotros. El padre biológico de Shirley era alcohólico y cometió casi todos los errores que podría cometer un hombre. El matrimonio terminó en divorcio, y la mamá de Shirley tenía que trabajar en una fábrica de conservas de pescado para alimentar a su pequeña familia. Fue una época muy difícil. La mamá de Shirley sabía que necesitaba ayuda para criar a sus dos hijos, así que envió a Shirley y a su hermano, John, a una pequeña iglesia evangélica, donde a los seis años de edad, ambos se arrodillaron en el altar y entregaron sus corazones al Señor. Shirley aprendió a orar en su pequeño cuarto en la noche. A los doce años de edad, cuando su familia estaba en un caos, comenzó a pedir a Jesús que le concediera dos peticiones.

Primero, Shirley oró para que su Padre celestial le enviara un buen esposo cuando llegara el tiempo de casarse. Aunque no la conocí hasta que estábamos en la universidad, de hecho ella estaba orando por mí. Segundo, le pidió al Señor que le diera otro padre que les cuidara y les amara. Un año después el Señor envió un ángel llamado Joe Kubishta para ser el padrastro de Shirley. Tenía treinta y siete años y nunca había estado casado. Era un hombre maravillosamente amable y amoroso. Dado su trasfondo, no hay manera de explicar la "bondad" que había en él.

Joe nació en una granja muy pobre cerca de Dickinson, Dakota del Norte, el 12 de marzo de 1912. Su madre murió trágicamente de tuberculosis cuando él tenía nueve años. Dejó doce hijos, incluyendo un bebé y un niño de dos años, para valerse por ellos mismos. El padre de Joe era abusivo a veces y a menudo desaparecía durante días de borracheras. Los hijos se vieron forzados a dejar la escuela cuando Joe estaba en octavo grado para trabajar en una mina de carbón. Ese fue el final de su educación formal. Él y sus hermanos se vieron privados de todo, desde el amor parental a las necesidades de la vida.

Joe dejó la granja a los dieciocho años de edad cuando la nación se vio inmersa en el puño de la Gran Depresión. Los trabajos escaseaban, y un joven como Joe sin dinero ni amigos influyentes era afortunado de poder ganar lo justo para comer. Él dijo: "Nunca me faltó ni una comida durante ese tiempo pero pospuse algunas de ellas". Joe emigró a California, subiéndose a las vías, como hicieron muchos otros refugiados de las granjas del Medio Oeste de Estados Unidos. Todos iban en pos de la promesa de trabajo. Durante los siguientes años, Joe acomodó los bolos en una bolera, trabajó en una fábrica de patatas, e hizo lo que fuera necesario para sobrevivir.

¿Cómo pudo un hombre con tantas desventajas y cargas convertirse en una de las personas más optimistas, amorosas, felices y productivas de la tierra? No lo sé, pero nunca le oí decir nada malo de otro ser humano. En todas partes se le conocía por su ancha barbilla y por la calidez de su encantadora personalidad. Joe Kubishta caía bien al instante a quienes le conocían. Yo le conocí muchos años después cuando comencé a salir con Shirley, y llegué a quererle como al padre que había perdido. Todos le extrañamos mucho en la actualidad.

En 1942, Joe se unió a la marina de los Estados Unidos y sirvió a bordo del barco de guerra *South Dakota*. Luchó en Guadalcanal, las Marianas y Okinawa, entre otras horribles campañas en el Pacífico. Su tarea de combate hacia el final de la guerra era disparar una ametralladora a los mortales aviones japoneses kamikazes que se lanzaban en picado contra el barco. Durante una batalla terrible, un proyectil explotó en cubierta, matando a 160 hombres e hiriendo a muchos otros. Por fortuna, Joe no resultó herido. Recibió numerosas medallas, incluyendo la Condecoración de la unidad naval por sobresaliente heroísmo por su valentía en la Batalla de Guadalcanal. Fue licenciado con honorabilidad el 3 de noviembre de 1945. Joe fue miembro de lo que el antiguo presentador de las noticias de la NBC, Tom Brokaw, denominó "La generación más grande".[1] Fueron forjados en el fuego de la privación y la disciplina, y eran intensamente patriotas, valientes y abnegados.

Poco después de la guerra, Joe conoció y se enamoró de una hermosa mujer llamada Alma Wisham Deere, la cual tenía dos hijos, John y Shirley. Los Kubishta se casaron el 16 de diciembre de 1950, y celebraron su cincuenta y dos aniversario el 16 de diciembre de 2002. El amor y el compromiso de Joe y Alma el uno con el otro son legendarios. Joe también amó a John y Shirley como si fueran sus hijos biológicos, y proveyó estabilidad para ellos durante sus años de adolescencia. Se convirtió en un solador muy experimentado y sostuvo de manera admirable a su familia hasta su jubilación en 1978, habiendo ayudado a los niños durante su universidad. En sus años de solador, nunca le llamó nadie para reparar algo que hubiera hecho mal.

En 1960 me casé con Shirley Deere y me convertí en parte de la familia Kubishta. Conocer a Joe fue algo destacado de mi vida. De hecho, hice alusión a mis suegros en mi libro, *Cómo criar a los varones*. Esto es lo que escribí:

> Veo que los niños y los jóvenes están hambrientos hoy día de una vida familiar como solía ser, pero casi nunca es. Mis suegros, Joe y Alma Kubishta, tienen 89 y 90 años de edad, y a mi hija y sus amigas les encanta visitarles. ¿Por qué? Porque todo ahí es muy divertido. Tienen tiempo de jugar a juegos de mesa,

reírse, comer y hablar de las cosas que les interesan a los jóvenes. Nadie tiene prisa. Si sus amigos les llaman por teléfono, siempre están dispuestos a hablar. Uno de sus visitantes frecuentes era un hombre soltero llamado Charlie, al que le encantaban los Kubishta. Cuando les hizo una visita a California después de haberse mudado, condujo casi cien kilómetros hasta su casa con rosal que él plantó en su jardín. Tan solo quería asegurarse de que Joe y Alma no se olvidaran de él. [Su regalo se llama "El rosal Charlie" hasta hoy]. Este anciano y anciana daban algo a los más jóvenes que simplemente no está disponible en ningún otro lugar. Qué triste.[2]

Esta es otra cita de mi libro escrito antes de que muriesen Joe o Alma:

> Este impulso competitivo es evidente en "varones" de todas las edades. Mi suegro se está haciendo mayor, pero aún le encanta la emoción de la victoria. Joe juega al golf cuatro o cinco veces por semana y tiene escritas sus victorias y derrotas contra sus amigos más jóvenes. Habla con un acento de Dakota del Norte muy parecido a Lawrence Welk, y le encanta contarme esta historia:
>
> "Hola Jimmy, esos tipos con los que juego, son años más jóvenes que yo, y tienen entrenadores para enseñarles a jugar al golf. Pero los gano a todos. Jajajajaja".
>
> Uno de sus amigos se llamaba Wally, y Joe decía: "Este Wally, practica toda la semana y se presenta allí todo dispuesto a ganarme, y le gané fácilmente". Jajaja. Después siempre añadía: "Y Wally es diez años más joven que yo".

"Joesy" me contó esa historia hasta que tuvo noventa años. Era también muy bueno en un juego de cartas llamado Corazones, al cual jugaba durante los ratos libres en la marina. Me enseñó ese juego cuando Shirley y yo nos acabábamos de casar, y Joe jugaba conmigo cada vez que estábamos juntos. Yo tenía una licenciatura y Joe nunca fue al instituto, pero también "me ganaba fácilmente". Tardé tres años en descubrir cómo me ganaba Joe. No daba pistas. Tan solo se reía y decía: "Juguemos de nuevo". Finalmente descifré el código. Cuando Joe tenía una buena mano y estaba calladamente tratando de "jugarla", su presión sanguínea subía y se le enrojecía el cuello. Yo solía observar esa parte debajo de sus orejas y podía saber lo que estaba pensando. Mire, Joe no era el único al que le "encantaba ganar". Pero por lo general sigue ganándome.

Joe estuvo increíblemente sano hasta el final de su vida. Solo tuvo una pequeña carie en noventa años, y estuvo en el hospital solo una vez por algo relativamente menor. Continuó jugando al golf regularmente hasta seis meses antes de su muerte. Lo crea o no, Joe consiguió un ochenta y siete en su noventa cumpleaños y consiguió un "hoyo en uno" cuando tenía ochenta y cinco.

Ahora debo hablarle acerca de la vida espiritual de Joe. No creo que fuera cristiano cuando se casó con Alma. Al menos si lo era, nunca habló de ello. Provenía de una época en la que a la gente no le gustaba hablar de su fe, y consideraba que sus convicciones era algo muy personal. Con el paso de los años, nuestra familia hablaba a menudo de Jesucristo, e incluso entonces él era reticente a dejarnos entrar en su mundo privado. Sin embargo, cuando Alma estaba enferma por alguna razón, Joe se ponía la ropa del domingo e iba a una iglesia bautista cercana. Orábamos antes de cada comida, y Joe a veces la dirigía, pero aun así, nunca dijo las palabras que queríamos oír.

Finalmente, me fui con él a comer un día, solo nosotros dos, y le dije: "Joe, realmente tengo que hablarte de algo importante. Tú sabes que no podemos estar juntos en el cielo a menos que tengas una relación personal con Jesucristo. Pienso que conozco la respuesta, pero nunca me has contado cómo te hiciste cristiano. Comparte esa historia conmigo".

Joe dijo: "Oh, Jimmy, tú no tienes que preocuparte por eso. Cuando tenía nueve años (queriendo decir cuando murió su madre) un sacerdote me llevó a un cuartito y habló conmigo".

Francamente, no sabía a qué se refería, y eso me estorbaba. No podía decir: "Oh, no, Joe, eso no sirvió. No has sido cristiano durante todos estos años". Él actuaba como si conociera al Señor personalmente, pero nunca lo expresó. Yo no estaba seguro de si había entendido bien lo que significaba tener una relación con Cristo. Se lo expliqué lo mejor que pude, pero él tan solo sonrió.

Cuando un hematólogo nos dijo un año después que Joe se estaba muriendo de leucemia, Shirley y yo sentimos una gran urgencia por asegurarnos de que estaba listo para encontrarse con su Creador. Las probabilidades eran muy altas de que tan solo nos dejara con una especulación. Me acerqué al lado de su cama en el hospital y dije: "Joe, ¿sabes con certeza que estarás con nosotros en el cielo cuando mueras?". Él enseguida cambió de tema. Después lo dije con bastante severidad: "Joe, mírame. Te he hecho una pregunta y quiero que la respondas". No había tiempo que perder. Con eso, giró su cara hacia la pared y lloró. Ninguno de nosotros había visto jamás llorar a Joe. Estaba, por primera vez, muy tierno al gentil toque del Espíritu.

Al día siguiente, Shirley llamó al ministro de Joe de su iglesia bautista y le pidió que fuera y hablara con él. El reverendo Lyle Williams se sentó junto a su cama y dijo: "Mira, he estado predicando una serie de sermones sobre la esperanza, especialmente nuestra esperanza de vida eterna". Hablaron un rato, y luego el ministro hábilmente guió a Joe en la oración del pecador. Después, ocurrió algo maravilloso. Joe pidió a Jesús que entrase en su corazón. Al día siguiente, cuando Shirley y yo le visitamos, estaba sonriente. Alzó sus manos al aire y dijo con lágrimas corriendo por su rostro: "JIMMY, SOY SALVO. ¡SOY SALVO!". Esto procedía de un hombre que nunca había estado dispuesto a hablar de su fe. Me arrodillé junto a él y dije: "Joe, cada pecado que hayas cometido en toda tu vida ha sido perdonado, y nunca más se volverán a imputar contra ti. Vamos a estar juntos en el cielo para siempre y siempre". Shirley y yo estábamos llorando.

Al día siguiente cuando llegamos al hospital, Joe comenzó a llorar de nuevo. "Estoy limpio", dijo. "Me siento limpio". Fue una experiencia maravillosa ver esta preciosa alma, que pudiera o no haber sido justificado antes a ojos de Dios, hacer una confesión pública de su dedicación a su Señor y Salvador, Jesucristo. Experimentó lo que en nuestra comunidad de fe llamamos "una conversión".

Aunque Joe sin duda se estaba muriendo ese noviembre, le pedimos a Dios un Día de Acción de Gracias más y una Navidad más juntos, y de manera increíble, pudo venir a casa del hospital ambos días. Se sentó junto a una ventana mirando al océano Pacífico durante un buen rato sin hablar. Pienso que estaba diciendo "adiós". Después dijo:

"Bien, Jimmy, quiero regresar al hospital". Tuvimos diez semanas más con el hombre al que Shirley tiernamente llamaba "Pops" y nuestros hijos llamaban "Abuelo Joe", y yo llamaba "Joesy".

Incluso al acercarnos al final, todos en el complejo médico se habían enamorado de Joe. Una de sus enfermeras le dijo a Shirley: "Me encanta este hombre. Solo habla de cuánto ama a su esposa. Desearía poder meterle en mi bolsillo y llevármele a casa".

Su doctor, un tosco médico judío mayor, me dijo en el vestíbulo una tarde: "Aquí todo el mundo adora a este hombre", señalando a la habitación de Joe. "¿Quiere saber por qué? Porque es un buen hombre. Nunca tuvo mucho dinero, pero trabajó mucho toda su vida. Es la clase de hombres que sacan adelante este país".

Hacia el final, le pregunté a Joe si estaba cómodo y si el equipo del hospital le estaba tratando bien. Me dijo: "Oh, Jimmy, se portan bien conmigo aquí. Este es un buen sitio. La comida es buena. No podría pedir nada mejor". Mientras hablaba, pensaba en este raquítico ser humano, tumbado en su cama todo el día sin nada que hacer salvo mirar a las paredes. Sin embargo, no había ni un poco de conmiseración en su conducta. Vino a mi mente un versículo mientras él yacía en su lecho de muerte. El apóstol Pablo lo había escrito cuando estaba en una cárcel en Filipos y pronto sería ejecutado. Quién sabe qué miserables circunstancias estaba viviendo, y sin embargo, esto es lo que escribió:

> …Sé vivir humildemente, y sé tener abundancia; en todo y por todo estoy enseñado, así para estar saciado como para tener hambre, así para tener abundancia como para padecer necesidad. Todo lo puedo en Cristo que me fortalece. (Filipenses 4:13)

Joe Kubishta ejemplificó esta paz y contentamiento tan bien como cualquiera que yo haya conocido.

El 14 de febrero, día de los enamorados y de la amistad, Joe fue votado como "Rey de corazones" por el equipo médico y los pacientes en el hospital de convalecencia. En ese momento ya le costaba formar frases coherentes, pero no importaba. Su encantadora personalidad aún era evidente. Jugamos una última partida de Corazones, y no se acordaba de las reglas. Qué triste fue eso. Cuatro días después, el 18 de febrero, le dijo a Shirley que los ángeles iban a llegar a buscarle. Y el 19 de febrero, mi amado suegro se fue calladamente de esta vida hacia la eternidad. Tenía casi noventa y un años. Ahora espera al resto de nuestra familia en el otro lado. Se lo prometo, ¡Joe estará sonriendo!

Compartiré una última historia que contaron durante el funeral. Nuestro hijo Ryan, que se había convertido en un orador muy bueno, dio uno de los elogios emocionales. Durante sus comentarios habló acerca del significado del éxito. Ryan describió un día hacía varios meses en él que pasó inesperadamente por la casa de sus abuelos. Los encontró sentados en la mesa de la cocina, no uno enfrente del otro, sino uno al lado del otro. Estaban tomados de las manos.

"¿Qué están haciendo?", preguntó Ryan.

"Hemos estado aquí esta mañana sentados mirándonos el uno al otro", respondió Alma.

Después de cincuenta y dos años de matrimonio, estaban contentos simplemente de tener la compañía del otro. "ESO", dijo Ryan, "es mi definición de éxito matrimonial". Joe Kubishta vivió menos que su esposa, Alma, la cual murió seis años después, y que su hijastro John y la esposa de John, Marlene Deere; que sus hijos, Steve y Brad Deer;

que su hijastra Shirley y yo, su yerno; y que nuestros hijos adultos, Danae y Ryan Dobson. En cuanto haya estado en el cielo un rato y me haya arrodillado a los pies de Jesús, quiero ir a jugar una partida de Corazones con Joe. Sé que me ganará.

Adiós, nuestro querido esposo, padre, abuelo y amigo. Aportaste un gozo increíble a nuestras vidas. Tu sonrisa y tus risas estarán en nuestra memoria para siempre. Es difícil imaginarse la vida sin ti, pero nuestra separación será corta. Pronto te veremos en el otro lado, en presencia de nuestro maravilloso Señor y Salvador, Jesucristo. Porque Él vive, podemos afrontar el mañana.

> Ni lo alto, ni lo profundo, ni ninguna otra cosa creada nos podrá separar del amor de Dios, que es en Cristo Jesús Señor nuestro. (Romanos 8:39)

Tengo una historia más que contarle acerca de la salvación de un ser querido. Creo que se identificará con ella al pensar en su propio familiar. Se trata del padre de mi padre, mi abuelo, Robert Lee Dobson. Él es una leyenda en la familia Dobson.

Mi abuelo nunca profesó ser cristiano. Es la vieja historia de ver hipócritas en la iglesia y no querer nada con ellos. Nunca se opuso a la formación espiritual que "Mamita" daba sus seis hijos, que incluía montar en un tranvía a través de Shreveport para llevarles a la iglesia. Ella era miembro del consejo allí. El abuelo Dobson no ponía pegas a que su esposa hiciera eso. Incluso le dejaba apoyar a la iglesia con contribuciones. Sin embargo, él rehusaba tajantemente involucrarse de alguna manera.

"A mí no me metan en ello", decía. "No quiero saber nada del cristianismo ni de ninguna iglesia".

Mi abuela estaba muy preocupada por el rechazo de su esposo hacia los asuntos espirituales. Era un hombre "moral", pero de ahí no pasaba. Mamita no le presionaba en cuanto a su fe, pero hizo un proyecto de vida el orar por su esposo. Durante cuarenta años siguió esa callada vigilia de oración sin movimiento alguno por parte de él.

Cuando Robert tenía sesenta y ocho años, sufrió un severo derrame cerebral y quedó confinado en cama a partir de ahí. Al año siguiente, su hija más joven, un adolescente llamada Elizabeth, estaba en su cuarto cuidando de él y dándole sus medicamentos. Ella entonces miró hacia su cama y vio que él estaba llorando. Eso no era muy normal para este hombre estoico.

Elizabeth dijo: "Papá, ¿qué ocurre?".

Él respondió apenas entre susurros: "Cariño, ve a llamar a tu madre".

Mi abuela subió las escaleras a toda prisa en la gran casa y se arrodilló al lado de la cama de su esposo. Dijo: "¿Estás bien?".

Robert le dijo: "Ahora sé que voy a morir y no tengo miedo de la muerte. Pero está *muy* oscuro. ¿Puedes orar por mí?".

"¿Oraré?", preguntó entre lágrimas.

Mamita había estado orando por este momento durante cuatro décadas. Comenzó a orar por el hombre al que amaba, y él rindió su corazón al Señor. Me gustaría haber estado allí en esa ocasión. R. L. Dobson murió dos semanas después con un testimonio en sus labios.

Una Navidad treinta y cinco años después, cuatro hermanos supervivientes llegaron a mi casa de California para su primera reunión familiar desde la muerte de su padre. Durante cinco días se sentaron en el salón y compartieron recuerdos atesorados de su infancia. Casi todas sus conversaciones se centraban en su papá, aunque mamita y sus hermanos gemelos ya no estaban en ese momento tampoco. Yo me quedé fascinado con lo que escuché. Uno de mis primos narró sus recuerdos en un pequeño aparato de cintas de casete y existen hasta la fecha. Qué buena herencia son estas grabaciones, vertiendo luz sobre el hogar de mis abuelos y las primeras experiencias de mi papá y sus hermanos.

Aunque todas las conversaciones me resultaban interesantes, había un hilo común que era especialmente significativo durante toda la semana. Se enfocaba en el respeto con el que estos cuatro hermanos trataron la memoria de su padre (mi abuelo). Él murió en 1935, un año antes de mi nacimiento, y sin embargo hablaban de él con un respeto inequívoco más de treinta y cuatro años después. Aún vivía en sus mentes como un hombre de enorme carácter y fortaleza.

Les pedí que me explicaran las cualidades que admiraban tanto, pero recibí poco más que vagas generalidades.

"Era una torre de fortaleza", dijo uno.

"Tenía una cierta dignidad de él mismo", dijo otro, con sus apropiados gestos.

"Le admirábamos mucho", respondió el tercero.

Es difícil resumir las sutilezas y complejidades de la personalidad humana, y no podían encontrar las palabras correctas. Solo cuando comenzaban a hablar sobre recuerdos específicos se hacía patente la personalidad de este patriarca. Mi papá proporcionó la mejor evidencia al escribir sus recuerdos de la muerte del abuelo Dobson, la cual he reproducido debajo. Siguiendo por esta narración se ve el impacto de un gran hombre en su familia, incluso tres décadas después de su fallecimiento. Este es el relato escrito de mi papá.

Los últimos días de R. L. Dobson

El ataque que acabó con su vida ocurrió cuando tenía sesenta y nueve años, y finalmente tuvo como resultado la ruptura del círculo familiar. Durante muchos años después de su muerte, yo no podía pasar por el hospital Tri-State en Shreveport sin fijarme en una ventana en particular. Resaltaba sobre el resto, sagrada porque representaba la habitación donde él había sufrido tanto. Los detalles de esos trágicos días y noches permanecen en mi memoria, intactos a pesar del paso del tiempo.

Estuvimos allí tres días y tres noches prácticamente sin dormir, escuchándole esforzarse por respirar, oyendo los sonidos de la muerte acercándose, oliendo los olores de la muerte. Papá está en un coma profundo. Su difícil respiración se podía oír por todo el pasillo. Caminamos por los pasillos del viejo hospital durante horas escuchando la incesante batalla que ahora cada vez menguaba más. Varias veces nos llamó la enfermera y dimos nuestro último "adiós", habiendo pasado por la agonía de entregarle, solo para conseguir que su corazón se reanimase, y luego la interminable vigilia volvía a comenzar de nuevo. Finalmente, habíamos pasado a una habitación adjunta no preparada para dormir, pero algunos en la silla y otros cruzados en las camas, nos quedamos dormidos del agotamiento.

Faltando cinco minutos para las cuatro entró la enfermera y despertó a uno de mis hermanos gemelos. Robert se despertó sobresaltado. "¿Se ha ido ya?", preguntó.

El bisabuelo materno de Dr. Dobson, Rvdo. George Washington McCluskey.

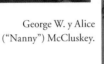

George W. y Alice ("Nanny") McCluskey.

Los abuelos maternos de Dr. Dobson, Rvdo. Michael Vance y Bessie Dillingham, conocidos en la familia como "Little Daddy y Big Mama".

Foto antigua de la familia Dillingham. James Dobson Sr. está de pie a la izquierda. Myrtle Dobson, sentada a la izquierda, con su hijo de cuatro años de edad, Jimmy. Sentada a la derecha, está la hermana de Myrtle, Lela London, con su hijo, H.B. Su padre, Holland London, es el segundo desde la derecha en la fila atrás.

James Dobson Sr. y Myrtle Dobson con su pequeño hijo, Jimmy.

Myrtle y su adorado hijo.

James y Myrtle con su hijo de 5 años, Jimmy.

La primera iglesia que pastoreó el reverendo Dobson en Sulphur Springs, Texas, en 1937.

Alma Kubishta y su hija de cuatro años de edad, Shirley.

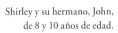

Shirley y su hermano, John, de 8 y 10 años de edad.

La fotografía clásica del padre e hijo, y su querido perro, Penny, durante los años de universidad de Jim en 1958. Al fondo está la casa donde Jim se crió. Había regresado para celebrar Navidad con la familia.

Jim y su primo H.B. London, compañeros de universidad. ¿Podría decirnos si eran rivales?

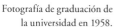

Fotografía de graduación de la universidad en 1958.

Jim con su uniforme de las Fuerzas Armadas de Estados Unidos en 1959.

Fotografía de Shirley como reina del baile de bienvenida de la secundaria.

Myrtle Dobson en Hawai en 1956.

Última fotografía tomada al Rvdo. James Dobson Sr. antes de su muerte en 1977.

Los padres del
Dr. Dobson en 1960.

Fotografía tomada del
joven Jimmy y otra en la
misma postura pensativa
50 años más tarde.

Otras fotografías de
Jim y Shirley, en poses
similares, el día de su
boda y la celebración
de su quincuagésimo
aniversario.

La noche de bodas de Jim y Shirley, junto a los padres de ella, Joe y Alma Kubishta, y los padres de él, James y Myrtle Dobson. Era el 27 de agosto de 1960.

Jim graduándose y recibiendo su doctorado en desarrollo infantil de la USC siete años más tarde. ¿Acaso se ve cansado? Pista: Sí.

Joe Kubishta recogiendo su pelota de golf tras meterla en el hoyo de un solo tiro a los 87 años de edad.

Los orgullosos padres
mostrando a su bebé,
Danae Ann, un
domingo de dedicación
al Señor.

Shirley y su hija Danae de
cuatro años luciendo un traje
rosa brillante. Era la mañana
del domingo de Pascua.

James Ryan se
une a la familia
Dobson en 1970.

Danae y su hermanito,
Ryan, abrazados en el
patio del frente de su casa.
Ella tenía cinco años y él
seis meses de nacido.

Danae y Ryan en su
graduación de escuela
secundaria.

Ryan y Jim en el estudio
de la radio, hablando sobre
Cómo criar a los varones.

Ryan y su padre
comenzaron a cazar
juntos cuando Ryan
tenía 12 años. Aquí
posan juntos en una
cacería de faisanes.
Ambos atesoran esos
tiempos.

Padre e hija.

Esta fotografía de
Danae cuelga en una
pared de la oficina
de su padre.

Shirley y su madre.
Alma tenía 84 años
y vivió hasta los
97 años de edad.

Una fotografía familiar reciente donde posan Ryan y su esposa, Laura, a la izquierda, y su hijo Lincoln, de dos años de edad.

"Jimpa" y "Mae Mae" con Lincoln de dos añitos.

Y seguido llegó Luci, en esta fotografía a los dos años de edad.

James Dobson entrevistando al presidente Ronald Reagan para la radio en el Despacho Oval. Esto fue en 1987.

James Dobson entrevistando al presidente George H. W. Bush en Enfoque a la Familia en 1992. Observe el libro del cual hablaban.

Los Dobsons asisten a la celebración de Navidad en la Casa Blanca con el presidente George W. Bush y su esposa Laura.

Shirley entrando al Ala Oriental de la Casa Blanca para dar un mensaje en el evento del Día Nacional de Oración. Observe quién la está siguiendo.

Shirley Dobson le ofrece un cuaderno con las 49 proclamas de los gobernadores de la nación al presidente George W. Bush durante el Día Nacional de Oración en mayo del 2001.

Un momento solemne de oración por la nación durante la ceremonia. El presidente Bush tuvo los eventos del Día Nacional de Oración cada año durante sus dos términos en la oficina. Shirley habló en todos los ocho eventos, desde el 2001 hasta el 2009.

En una reunión privada invitados por Su Alteza Real, el príncipe de Gales, Príncipe Carlos, en su estancia, Highgrove, en Cotswolds. La conversación es confidencial.

Los Dobsons con el Papa Juan Pablo II. El Dr. Dobson y Chuck Colson habían justo hablado en el evento internacional del Consejo Pontificio para la Familia. Ellos son los primeros dos evangélicos oradores en el histórico Sínodo del Vaticano.

El Dr. Dobson y Dr. Billy Graham conversan antes de una de las cruzadas.

Se le solicitó al Dr. Dobson cargar la antorcha olímpica por una corta distancia en vísperas de las Olimpiadas de Invierno en Salt Lake City en el 2002.

Dobson y Enfoque a la Familia son exaltados al Salón de la Fama de Radio Nacional en el 2008. Otros miembros son Ronald Reagan, Jack Benny, Bob Hope, Red Skelton, Larry King, Rush Limbaugh, Paul Harvey, Franklin D. Roosevelt, y muchos otros.

Jim y Shirley cortan el pastel durante la celebración de su quincuagésimo aniversario de bodas en el 2010. Danae y Ryan fueron los anfitriones del evento.

Jim es un buen cocinero. Aquí está friendo pollo usando una receta que le enseñó su madre. Aquellos que han tenido la oportunidad de saborear este plato sureño dicen que es exquisito.

Esta fotografía de la mesa servida por Shirley para el Día de Pascua se escogió para la portada del libro de Shirley y Danae, *Welcome to Our Table* (Bienvenidos a nuestra mesa).

Jim es el autor de cuarenta libros. Aquí está escribiendo, escribiendo y escribiendo.

El Dr. Dobson al lado de una escultura en bronce que representa a su padre orando, la cual esculpió Greg Todd.

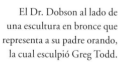

"No, pero si quieren ver a su papá una vez más mientras vive, mejor que vengan, ahora".

La palabra pasó rápidamente y nos dirigimos a la habitación para estar alrededor de su cama por última vez. Recuerdo que yo estaba de pie a su izquierda: le ordené el cabello de su frente, y puse mi mano sobre su vieja mano grande y roja, muy parecida a la mía. Sentí la fiebre que precede a la muerte: 40. Aunque estaba allí de pie, se produjo en mí un cambio. En vez de ser un hombre adulto (tenía veinticuatro años en ese momento), me convertí en un niño nuevamente. Dicen que esto ocurre a menudo a los adultos que sufren la muerte de un padre. Pensé que estaba en la estación de trenes de Shreveport, Louisina, al final de la tarde, y que estaba esperando su regreso. El viejo tren de pasajeros de Kansas City Southern estaba entrando en la estación y lo vi dando la curva. Mi corazón se hinchó de orgullo. Me giré al niño que estaba de pie junto a mí y dije: "¿Ves a ese hombre tan grande que está de pie al final del tren, con una mano en el freno de aire y la otra en el silbato con el que da la señal al ingeniero? ¡Ese hombre tan grande es mi papá!". Puso los frenos de aire y oí las ruedas deteniéndose. Le vi bajarse del último vagón. Corrí y salté a sus brazos. Le di un fuerte abrazo y olí el olor a humo del tren en su ropa. "Papá, te quiero", dije.

Todo regresa. Acaricié esa gran mano y dije "Adiós, papá", mientras él se hundía rápidamente ahora. "No hemos olvidado lo mucho que trabajaste para enviar a cinco chicos y una chica a la universidad: cómo vestías esos viejos uniformes de conductor hasta que estaban desgastados, para que pudiéramos tener cosas que realmente no necesitábamos...".

Faltando tres minutos para las cuatro, como un señorial barco que se mueve lentamente del puerto hacia el mar eterno, respiró por última vez. La enfermera nos indicó que saliéramos, y echó la sábana sobre su cabeza, un gesto que produjo terror en mi corazón. Nos giramos con un lloro silencioso para salir de la habitación. Entonces se produjo un incidente que nunca olvidaré. Mientras salíamos por la puerta, puse mi brazo sobre mi pequeña madre y dije: "Mamá, esto es doloroso".

Restregándose los ojos con su pañuelo, dijo: "Sí, Jimmy, pero hay una cosa que mamá quiere que recuerdes, ahora. Hemos dicho 'buenas noches' aquí abajo, pero uno de estos días vamos a decir 'buenos días' ahí arriba". Creo que ella dijo "buenos días" también, once años después, y sé que él se reunió con ella "justo en la puerta Oriental".

Su muerte estuvo marcada por la calma y la dignidad, como la vida que él había vivido. Así llegaron a su fin los asuntos de R. L. Dobson, y terminó, también, la solidaridad de la familia. El viejo hogar nunca volvió a ser el mismo. El viejo espíritu que habíamos vivido de niños ¡se había ido para siempre!

Aunque esta ilustración revela pocas de las características específicas que hizo de R. L. Dobson una influencia tan poderosa en su familia, nos dice cómo se sentía su hijo respecto a él. Llegué a saber algunos otros detalles. Era un hombre de total integridad y honestidad. Aunque no fue cristiano hasta poco antes de su muerte, vivió según una norma interna que era singularmente inflexible. De joven, por ejemplo, invirtió mucho en una aventura empresarial con un socio que después supo que no era honesto. Cuando se enteró de las artimañas, prácticamente le dio la compañía al otro hombre. Ese primer socio convirtió la empresa en una de las operaciones más exitosas del sur, y se hizo multimillonario. Pero mi abuelo nunca lamentó su decisión. Se llevó una conciencia limpia con él a su tumba.

¿Y qué de su familia? ¿Hay miembros que no están seguros de su fe? Si es así, ¿puedo animarle a que intensifique sus oraciones por ellos, y que espere pacientemente una oportunidad de hablarles de nuevo de encontrar una relación con Jesús? Podría ser, como en el caso de Joe Kubishta y Robert Lee Dobson, que el tiempo y las circunstancias abrirán una puerta que previamente había estado cerrada. No podemos conseguir que una persona quiera arrepentirse de sus pecados y aceptar el perdón divino, pero si eso ocurre incluso al borde de la muerte, los ángeles del cielo se alegrarán. Y usted y los otros miembros creyentes de su familia vivirán sus años sabiendo que les espera una alegre reunión en lo que Mamita anticipaba como un "buenos días, justo en la puerta Oriental".

CAPÍTULO 10

Las palabras importan

Dije anteriormente que la cultura está en guerra con los padres por el corazón y la mente de sus hijos. No necesito describir esta batalla porque usted también la ve. Los padres en décadas pasadas no hubieran creído lo que le iba a ocurrir a la institución de la familia. No estoy seguro de que muchos lo entendamos tampoco. Inmoralidad, pornografía, violencia y drogas ilícitas tocan casi cada hogar. La mayoría de las mamás y papás aman a sus hijos e intentan pastorearles para que pasen los campos de minas que hay esparcidas en sus caminos. Sin embargo, están perplejos por los desafíos que afrontan.

Cuando yo era un niño, la autoridad de los padres normalmente funcionaba como un gran escudo contra las maldades en lo que se llamaba "el mundo". Cualquier cosa que se percibía como poco saludable o inmoral se mantenía fuera de la valla de madera blanca simplemente queriendo que ahí se quedase. Además, el entorno de la comunidad ayudaba a las familias. Estaba organizada para mantener a los chicos rectos y limitados. La censura impedía que las películas fueran demasiado lejos, las escuelas mantenían una estricta disciplina, los estudiantes irrespetuosos o rebeldes eran "sometidos a disciplina" o se veían a sí mismos sentados y "castigados", se notificaba a los padres de sus infracciones, los vigilantes de los que no acudían a clase se encargaban de los estudiantes que faltaban, los "sujeta velas" normalmente preservaban la virginidad, no se les vendía alcohol a los menores y no se oía acerca de las drogas ilícitas. Incluso los adultos sin parentesco veían como una responsabilidad cívica ayudar a proteger a los niños de todo lo que pudiera hacerles daño, ya fuera físicamente, emocionalmente o espiritualmente. La mayoría de los vecinos del lugar estaban familiarizados con los padres de los otros niños, así que era más fácil para ellos intervenir. Este sistema de apoyo no siempre funcionaba, por supuesto, pero en general era eficaz.

Este compromiso con el bienestar de los niños se ha desvanecido del todo. En vez de ayudar a los padres en sus responsabilidades como criadores de sus hijos, la cultura pop y la ideología políticamente correcta conspiran contra ellos. El sistema judeocristiano de valores está en declive. Imágenes e ideas dañinas entran directamente por la puerta delantera o se escurren directamente a las habitaciones mediante los dispositivos electrónicos. Las drogas ilícitas están disponibles para todo adolescente o preadolescente que las quiera. Todo cambia para quienes las consumen. Con cada niño con un teléfono celular con el que poder acceder a los demás sin que lo sepan los padres, y con la llegada de las muy difundidas redes sociales, hay demasiadas oportunidades para que los chicos conspiren y se metan en problemas. Controlar esas dinámicas siempre cambiantes del desarrollo de un hijo crea un mayor riesgo en nuestros hijos y un desbarajuste en sus padres.

Considerando cómo ha cambiado el mundo, ya no basta con crear y hacer cumplir reglas para mantener a los niños en orden. Aún tiene sentido prohibir la conducta dañina o inmoral, y disciplinar y castigar cuando sea apropiado. Sin embargo, estos enfoques que el tiempo ha honrado para dirigir a los niños se deben suplementar con una conexión emocional que haga que los niños *quieran* hacer lo correcto. En breve, es doblemente importante construir relaciones con los niños desde su más tierna infancia. Sus hijos e hijas deben saber que les ama incondicionalmente y que todo lo que usted les pide es por su propio bien. También es útil explicar por qué quiere usted que ellos se comporten de ciertas maneras. "Establecer las reglas" sin este nexo emocional probablemente fracasará.

El escritor y orador Josh McDowell expresó este principio en una sola frase. Él dijo: "Las reglas sin relación llevan a la rebelión".[1] Tiene toda la razón. Con todas las tentaciones volando alrededor de nuestros hijos, simplemente decir no mil veces crea un espíritu de resistencia. Tenemos que construir puentes para ellos desde el principio. La construcción debería comenzar temprano e incluir divertirse como familia, reír y bromear, jugar a juegos de mesa, a la pelota, a encestar, jugar al ping pong, correr con el perro, hablar al acostarles, nadar juntos, participar en deportes, llevar a los niños a buenas iglesias con buenos programas de jóvenes, ser un patrocinador de la banda de la escuela, y hacer otras miles de cosas que tienden a cimentar y unir a las generaciones. La parte engañosa es establecer una amistad a la vez que se mantienen la autoridad y el respeto parental. Se puede hacer. Se debe hacer. Es la única fórmula que conozco para combatir los peligros que acosan la tierra. Pero se necesita tiempo, sobre lo cual decía mi padre: "no se puede dar si está todo firmado, y forzado, y puesto en el altar de la ambición profesional".

Ryan y yo cazamos y pescamos juntos, los cual nos unió

LAS PALABRAS IMPORTAN 127

como el pegamento Gorilla. Todavía nos une hoy. Shirley hacía cosas de chicas con Danae cuando era pequeña. Jugábamos al voleibol y al ping pong y jugábamos al croquet en el jardín. Nuestro hogar tenía siempre la puerta abierta. Los amigos de nuestros hijos eran bienvenidos, y algunos casi vivían con nosotros. Siempre había una frenética actividad durante los años adolescentes. Les dábamos pizza, jugábamos juegos y veíamos buenas películas. A medida que los niños fueron creciendo, ahorrábamos para hacer del esquí nuestro plato fuerte. Esa fue la mejor decisión que tomamos. Tras todo un día en las laderas con amigos de ambas generaciones, comíamos una buena cena y luego hacíamos un buen devocional todos juntos y estudiábamos la Biblia. Esas experiencias eran casi siempre interesantes y duraban hasta dos horas cada noche. Al amanecer el día siguiente, volvíamos a los elevadores de esquí y nos dirigíamos a la cima para otro gran día. Así es como acompañamos a nuestros hijos por los retos de la adolescencia. Shirley se rompió la pierna en las cuestas de Vail, Colorado, pero sufrió con gallardía, sabiendo que criar buenos hijos siempre requiere algunos sacrificios.

Sé que no todas las familias se pueden permitir esquiar cuando los hijos están creciendo, pero formar relaciones no necesariamente requiere grandes cantidades de dinero. Una conexión de por vida a menudo emerge de las tradiciones simples que dan sentido e identidad a las familias. A los niños les encantan las rutinas y actividades diarias más simples. Quieren oír la misma historia o el mismo chiste hasta que mamá y papá están listos para subirse por las paredes. Y a la vez, estas interacciones a veces los niños las aprecian más que juguetes caros o eventos especiales.

El querido escritor y profesor, el difunto Dr. Howard

Hendricks, una vez preguntó a sus hijos mayores qué era lo que recordaban con más cariño de su infancia. ¿Eran las vacaciones que hacían o los viajes a los parques temáticos o al zoo? "No", respondieron. Era cuando papá se tiraba al piso y luchaba con ellos.[2] Así es como piensan los niños. Es especialmente como los varones piensan. Las actividades más significativas de la familia son a menudo esas sencillas interacciones que forman conexiones duraderas entre generaciones.

Describamos a lo que nos referimos con tradiciones. Son las actividades repetitivas que dan identidad y pertenencia a cada miembro de la familia. En el musical de Broadway, *El violinista sobre el tejado*, el violinista estaba bien subido a lo alto del tejado de la casa por una tradición. Estas costumbres históricas les dictaban a cada miembro de la comunidad judía quién era él o ella y cómo tratar las demandas de la vida, e incluso qué vestir o comer. Hay consuelo y seguridad para los hijos cuando saben lo que se espera y cómo encajar en el plan de las cosas.

Dos amigos, Greg Johnson y Mike Yorkey, ofrecieron algunos ejemplos de cómo *no* edificar buenas relaciones con sus hijos en su libro *Daddy's Home*. Estas sugerencias se escribieron en plan de broma, pero pienso que expresaron bien el concepto.

Ponga el partido de la semana de la NBA mientras juega al Monopoly con ellos.

Lea el periódico mientras les ayuda con sus tareas de álgebra.

Vaya al campo de fútbol del instituto para practicar su golpe de golf y que sus hijos recojan las bolas cuando haya terminado.

Sugiérales que duerman la siesta con usted en una bonita tarde de domingo.

Lléveles a los Scouts y lea una revista en el automóvil mientras su instructor les enseña a hacer nudos.

Lléveles a su oficina un sábado y déjeles colorear mientras trabaja.[3]

Claramente, hay muchas maneras de fingirlo, aparentar estar muy activo e "involucrado" cuando realmente tan solo los está echando un ojo. Le garantizo, no obstante, que no podrá engañar a sus hijos durante mucho tiempo. Ellos pueden ver las intenciones de los adultos con algo parecido a la visión por rayos X. Y se acordarán de que usted estuvo o no estuvo a su lado cuando ellos le necesitaban. Alguien dijo: "El amor es dar a alguien toda su atención". Es una gran definición.

Esta es otra idea relevante para las relaciones que creo que tiene mucho sentido. Se llama "los primeros cinco minutos" y está basada en un libro que se publicó hace muchos años. Su tesis era que los primeros cinco minutos entre dos personas establecen el tono para todo lo demás que vendrá después. Por ejemplo, un orador público tiene muy pocos momentos para convencer a su audiencia de que realmente tiene algo que merece la pena oír. Si es aburrido o poco natural al comienzo, sus oyentes desconectarán de él como una bombilla y nunca sabrá por qué. Y si piensa usar el humor durante su discurso, será mejor que diga algo divertido enseguida o no creerán que puede hacerles reír. La oportunidad del momento se pierde. Por fortuna, siempre que comenzamos una nueva interacción tenemos una oportunidad de reiniciar el ánimo.

Este principio simple es aplicable también a los miembros

de la familia. Los primeros cinco minutos de la mañana también determinan cómo una madre interactuará con sus hijos ese día. Gruñidos o quejas cuando los niños llegan para desayunar amargará su relación durante horas. Saludar a los niños después de la escuela con palabras amables y un rico aperitivo se recordará durante décadas. Y al final del día cuando el hombre llega a casa del trabajo, la manera en que saluda a su esposa, o no saluda a su esposa, influirá en su interacción para el resto de la tarde/noche. Una sola crítica como: "Guisado de atún otra vez no, ¡por favor!", pondrá su relación al límite desde ese momento hasta la hora de irse a acostar. Los hombres que se quejan de que sus esposas no son afectuosas al llegar la noche deberían pensar en los primeros momento en los que se vieron esa tarde. Probablemente él estropeó algunas grandes posibilidades con sus primeros comentarios bruscos.

Todo comienza con los primeros cinco minutos.

Mientras hablamos de relaciones, hay otro asunto que deberíamos discutir. Tiene que ver con el auténtico poder de las palabras. Son muy fáciles de pronunciar, a menudo cayendo sin mucha razón o premeditación. Los que lanzan crítica u hostilidad a otros quizá no tengan tan siquiera la intención de hacerlo ni crean en lo que han dicho. Sus comentarios quizá reflejen unos celos, resentimiento, depresión, fatiga o revancha momentáneos. Independientemente de la intención, las palabras duras pican como avispas asesinas. Casi todos, usted y yo incluidos, hemos vivido momentos en los que un padre, un maestro, un amigo, un colega, un esposo o una esposa dijo algo que se nos clavó muy hondo. Ese dolor ahora está sellado para siempre en el banco de memoria. Es una asombrosa propiedad de la palabra hablada. Aunque una persona se olvide de la mayoría de sus vivencias diarias, un comentario particularmente doloroso se puede recordar durante décadas. Por el contrario, el individuo que hizo el daño quizá no recuerde el hecho pocos días después.

La antigua primera dama Hillary Rodham Clinton contó una historia acerca de su padre, el cual nunca le afirmó como su hija. Cuando estaba en la secundaria, llevó a casa unas calificaciones excelentes. Se las enseñó a su padre, esperando unas palabras de elogio. En vez de eso, le dijo: "Vaya, debes de estar en un instituto muy fácil". Treinta y cinco años después, el comentario aún ardía en la mente de la Sra. Clinton. Su desconsiderada respuesta podía haber representado tan solo un chiste rápido, pero creó un punto de dolor que ha perdurado hasta el día de hoy.[4]

Hay sabiduría acerca del impacto de las palabras escritas en el libro de Santiago. El pasaje dice:

> He aquí nosotros ponemos freno en la boca de los caballos para que nos obedezcan, y dirigimos así todo su cuerpo. Mirad también las naves; aunque tan grandes, y llevadas de impetuosos vientos, son gobernadas con un muy pequeño timón por donde el que las gobierna quiere. Así también la lengua es un miembro pequeño, pero se jacta de grandes cosas. He aquí, !!cuán grande bosque enciende un pequeño fuego! Y la lengua es un fuego, un mundo de maldad. La lengua está puesta entre nuestros miembros, y contamina todo el cuerpo, e inflama la rueda de la creación, y ella misma es inflamada por el infierno. (Santiago 3:3-6)

¿Alguna vez se ha encendido a usted mismo o a otros lanzando chispas con su lengua? Más importante aún, ¿alguna vez ha encendido el espíritu de un niño con enojo? Todos hemos cometido ese costoso error. Sabíamos que nos habíamos equivocado en el momento en que el comentario salió de nuestra boca, pero era demasiado tarde. Aunque lo intentásemos durante cien años, no podríamos recuperar ni un solo comentario. El primer años que Shirley y yo nos casamos, ella se enojó mucho conmigo por algo que ninguno de los dos recuerda. En la frustración del momento me dijo: "Si esto es un matrimonio, no quiero ser parte de ello". No lo decía en serio, y lamentó sus palabras casi de inmediato. Una hora después nos habíamos reconciliado y perdonado el uno al otro, pero la frase de Shirley no se pudo retirar. Nos reímos de ello con el paso de los años y el asunto hoy día no tiene ninguna relevancia. Sin embargo, no hay nada que ninguno de nosotros pueda hacer para borrar el haberlo dicho en ese momento.

Las palabras no solo se recuerdan durante toda una vida; si no se perdonan, van más allá de las frías aguas de la muerte. Leemos en Mateo 12:36:

> Mas yo os digo que de toda palabra ociosa que hablen los hombres, de ella darán cuenta en el día del juicio.

Gracias a Dios, los que tenemos una relación personal con Jesucristo tenemos la promesa de que nuestros pecados, y nuestras duras palabras, no se nos imputarán más y se lanzarán "cuanto está lejos el oriente del occidente" (Salmos 103:12a). Aparte de esa expiación, sin embargo, nuestras palabras nos seguirán para siempre.

No tengo la intención de predicar un sermón aquí, pero encuentro una gran inspiración para todas las relaciones familiares dentro de la gran sabiduría de las Escrituras. Y lo mismo ocurre con el impacto de lo que decimos. Lo delicado para nosotros como padres es que nunca sabemos cuándo está grabando el video mental durante nuestras interacciones con niños y adolescentes. Un comentario crítico espontaneo que no signifique nada para nosotros en un momento podría "pegarse" y repetirse mucho después de que estemos muertos y nos hayamos ido. Por el contrario, la cosas agradables y edificantes que decimos de nuestros hijos e hijas podrían ser una fuente de satisfacción durante décadas. Repito: todo está en el poder de las palabras.

Las circunstancias que precipitan un comentario lastimoso para un niño o adolescente son irrelevantes para su impacto. Permítame explicarme. Aunque un niño le lleve a usted al límite, frustrándole y enojándole hasta el punto de la desesperación, aun así tendrá que pagar un precio si reacciona mal. Supongamos que pierde su compostura y grita: "¡No te soporto! Me gustaría que fueras hijo de otra persona". O: "No me puedo creer que hayas suspendido otro examen. ¡Cómo puedo tener un hijo tan estúpido!". Aunque cada padre normal también se haya visto en la misma situación, su hijo no se enfocará en su mal comportamiento en el futuro. Probablemente se le olvide lo que hizo para provocar en usted esa explosión. Pero sí recordará el día en que usted dijo que no le quería o que era estúpido. No es justo, pero la vida tampoco lo es.

Sé que estoy removiendo una medida de culpa en usted con estos comentarios. (Mis palabras también son poderosas, ¿verdad?) Mi propósito, no obstante, no es herirle sino que tenga en mente que todo lo que usted dice tiene un significado duradero para el niño. Quizá le perdone después por "encender el fuego", pero hubiera sido mejor que se hubiera mantenido frío. Puede aprender a hacer eso con oración y práctica.

Me he desviado un poquito del tema de las relaciones, pero creo que la discusión de las palabras era importante.

Regresando al asunto que nos ocupa, llega el día en que quienes tienen hijos pequeños tendrán que echar mano del fundamento del amor y cuidado que ha edificado. Si el resentimiento y el rechazo caracterizaron los primeros años, la experiencia adolescente podría ser una pesadilla. La mejor manera de evitar esa bomba de la adolescencia es desactivarla en la infancia. Eso se hace con un sano equilibrio de autoridad y amor en el hogar. Comience ahora a edificar esa relación que le llevará por las tormentas de la adolescencia.

Como resumen, una familia unida es lo que hace que los niños y las niñas crezcan afirmados cuando el mundo les seduzca para que rompan el cordón umbilical. En este día, no se atreva a desconectarse durante el tiempo en que todo está en juego. Si hace el trabajo con eficacia, será más fácil llevar a sus hijos a Jesucristo. Recuerde esto: si ellos saben que a usted le importan, ¡será más eficaz a la hora de enseñarles lo que usted cree!

CAPÍTULO 11

La saga de dos hombres buenos

Recientemente, tuve el privilegio de oír unos comentarios hechos por dos hombres que hablaron en un evento del Día Nacional de Oración en Washington, D.C. Solo estaban presentes hombres, y los testimonios que oímos tocaron a cada uno de los asistentes. Voy a compartir sus historias personales con usted porque creo que le serán de mucha utilidad.

Escucharemos primero a Russ Branzell. Ha trabajado en varias posiciones de liderazgo en el área del cuidado de la salud, incluyendo su actual posición como Director general/Presidente del College of Healthcare Information Management Executives (CHIME).[1] También ha trabajado en la Fuerza Aérea de E.U. durante veinte años. Está casado con Kathy y tienen dos hijos, Chandler (20) y Emily (16).

Después Craig Dance compartirá su historia. Es el propietario y presidente de Champion Coach.[2] Está casado con Hazel y tienen tres hijos, Matthew (21), Jacob (18) y Anna (16).

Tanto Kathy como Hazel son cristianas muy comprometidas, y como verá, ambas han sido de mucha influencia en momentos críticos en el caminar espiritual de sus esposos. Así, estos dos relatos tendrán "utilidad para llevar" no solo para los hombres sino también para las mujeres.

Admiro a estas dos familias, y agradezco que me hayan permitido entrar en sus vidas privadas.

—⁓—

Comentarios de Russ Branzell

Buenos días. Quiero comenzar mis comentarios hoy con un versículo que será la base para lo que compartiré con ustedes. Ese pasaje es: "Fíate de Jehová de todo tu corazón, y no te apoyes en tu propia prudencia" (Proverbios 3:5).

Mi historia comienza con mi respuesta al llamado a la salvación a finales de los años setenta. Después se produjo un largo periodo de apatía desde ese momento hasta 2011. Fueron lo que yo llamo "los años oscuros". Solo vivía para mí mismo. La razón de mi falta de crecimiento era que tenía una adicción. No estaba metido en drogas, alcohol o sexo. Me había atrapado algo incluso más adictivo que eso. Millones de hombres están atrapados en ello, y yo era un portador. Estos son algunos de los síntomas de este trastorno. Es la tendencia a comprometerse con más cosas de las que se pueden, y a buscar siempre el éxito, y el hambre por los ascensos, y la lujuria del poder, el dinero y tener más "cosas". Tenía una mala relación con mi esposa y mis hijos; realmente no tenía buenos amigos. Estaba endeudado, especialmente por mi abuso de las tarjetas de crédito, y quería más automóviles y casas. Siempre estaba el deseo de tener más, más, más.

Estaba deprimido casi todos los días. Tenía sobrepeso, y por consiguiente, sufría hipertensión. También era prediabético, y todos mis análisis de laboratorio estaban descompensados. En términos generales, era un ser humano abatido. Ustedes conocerán a personas así. Están por todos lados, y están sufriendo una adicción. Su estilo de vida refleja los placeres de un hombre descontrolado. Yo tuve esta adicción durante tres décadas y me controló.

Finalmente, en 2011, me harté. Lo digo de otro modo. Dios se hartó. ¿Alguna vez han sentido su golpecito en el hombro y que les hablaba sin rodeos? Yo digo en tono de broma que Dios habla de varias formas: a veces habla en voz baja, y otras con amabilidad. Ocasionalmente, nos golpea con un palo. Yo puedo decirle que tengo algunos chichones en la parte posterior de la cabeza. Y la pregunta que me hizo en 2011 fue muy simple. Me dijo: "¿Confías en mí? ¿*De verdad* confías en mí?". Mi respuesta fue un poco vaga. Dije: "Bueno, de algún modo lo hago".

Muchos de ustedes conocen a mi esposa Kathy. Está comprometida con Cristo como lo está Hazel, la esposa de Craig. Ambos nos casamos con mujeres de más nivel, en este sentido. El Señor después me dijo: "Cuéntale todo a Kathy. Sincérate. Habla con ella de tu vida. Habla de tus estreses. Habla de tus temores, tus debilidades. Admite todo en lo que se ha convertido tu vida". Como se imaginarán si conocen a Kathy, ella dijo: "Ataquemos esto juntos con la ayuda de Dios". Se puso allí mismo de rodillas y comenzó a orar por mí. Después dijo: "¿Con qué vamos a tratar primero de esta lista?". Después respondió su propia pregunta: "Ataquemos algo tangible, como nuestra deuda".

Comenzamos a hablar acerca de cómo manejar el dinero. Nos apuntamos en la iglesia a la clase de Dave Ramsey y nos sentamos en una sala con cien personas. Comencé a darme cuenta de que teníamos tanta deuda como el resto de la clase junta. Literalmente. Cuando terminamos nuestro "plan Ramsey", vimos que si lo hacíamos todo bien, podríamos estar sin deuda dentro de entre cinco y siete años. Así que con mucho esfuerzo de mi esposa, mucha oración y la guía del Señor, dijimos: "Hagámoslo. Sigamos todo el programa". Lo primero que nos enseñaron fue a comenzar a diezmar.

De acuerdo. Ahora, esperen un segundo. Esto no tiene sentido, ¿no creen? Estoy con una deuda hasta el cuello, ¿y lo primero que tengo que hacer es comenzar a dar dinero? Los líderes no querían que me conformara con empezar a diezmar. Me dijeron que comenzara a dar por encima de ese nivel. Comenzar a dar generosamente al Señor. Probarle. ¿De verdad? ¿Quieren que *pruebe* al Señor? Bueno, eso no tenía sentido para mí. Pero lo comprobamos en las Escrituras. Y estaba ahí en el libro de Malaquías. Dice que "probemos al Señor". Comenzamos por ahí.

Durante los cuatro meses siguientes, dos extraños tratos de negocios que había hecho se vendieron. Ni tan siquiera sabía que había invertido en ellos. Honestamente, no lo hice. Estuve en el consejo de una de esas compañías y estaba a punto de irse a pique. Esperaba no volver a oír nunca de ella. Pero estas dos compañías se vendieron, y en cuatro meses, estábamos sin deuda. Fue impactante para nosotros. ¡Pagamos todas las facturas! Lo único que teníamos era nuestra hipoteca, lo cual estaba según el plan Ramsey.

De verdad no me importa si ustedes se lo creen o no, pero lo que ocurrió fue "algo de Dios" impactante. No solo acabamos con la deuda, sino que también pudimos bendecir a varios ministerios. Pudimos ayudar a nuestra iglesia. Fue muy gratificante.

Sin embargo, al comienzo de 2012, como ocurre con cualquier adicción fuerte, comencé a caer otra vez en mis viejos hábitos. Así que el Señor sacó la vara. De nuevo, dijo: "¿De verdad confías en mí?". Esta vez tenía un poco más de confianza, y dije: "Sí, Señor. ¿Qué quieres de mí?".

Él dijo: "Quiero que comiences a reconstruir tu familia. Quiero que hagas nuevas amistades. Quiero que desarrolles una relación con tu hijo, tu hija, tu esposa y tus amigos. Quiero que entables amistades con personas en las que te puedas apoyar porque esto va a ser más difícil, y no más fácil".

Yo dije: "De acuerdo, Señor".

Hoy día tengo una relación mucho mejor con mi familia. Tengo algunos buenos amigos, y puedo llamarles por teléfono o escribirles un mensaje y estarán ahí prestos a ayudarme en cualquier momento del día o de la noche. Cuando uno está peleando, y cuando llega la tentación, cuando se necesita un amigo, están ahí. Pero ese fue un proceso difícil. Tuve que entregar mucho de mí para llegar hasta ahí.

Volvió a llegar otro golpe de vara. El Señor dijo de nuevo: "¿Realmente confías en mí?".

Esa vez, fui afortunado de ser invitado a un torneo de golf llamado la copa Payne Stewart. Payne tuvo una vida de fe excelente cerca del final de su vida, y él y sus amigos organizaron un torneo de golf en St. Andrews, Escocia. Pensé que sería un grupo de amigos que van a jugar al golf con algunos jugadores profesionales. No tenía ni idea de que era un ministerio de hombres. Entre los profesionales estaban Wally Armstrong, que ha escrito libros sobre la fe, y Bill Rogers, que ganó el campeonato British Open en el año 1981.[3] Jugamos bien al golf, pero todo era acerca de una cosa. Ellos preguntaban a los participantes: "¿Tienen ustedes una amistad/relación personal con Jesucristo? ¿Es Él la persona sentada a su lado en cada cosa que hace en su vida?". Para ser sincero, no me acuerdo del golf. Lo único que recuerdo es que yo cambié. Volví y dije: "Tengo que descubrir quién es esta persona".

Mi llamado fue a la santificación, lo cual significa parecerse más a Cristo, y seguirle. Había un abrumador anhelo en mi alma. Y cambié de forma increíble. Me preguntaba: "¿Realmente puedo tener una relación personal con el Dios del universo? ¿Puede Él ser *mi* Salvador?". No, eso no es posible. Él es ese ser místico por algún lugar del espacio que me perdonó los pecados y escribió mi nombre en un libro, pero eso es otra cosa. Pero luego supe que Él no está a millones de kilómetros de distancia. Está junto a mí. Lo que Él quiere es una relación conmigo. Así que ese fue el siguiente paso en este viaje.

Bueno, el proceso continuó. A finales de 2012 surgió la misma pregunta: "¿Realmente confías en mí?".

Aún tenía muchas de las mismas adicciones con las que había batallado durante años, incluyendo exceso de trabajo, estrés y fatiga. Estaba totalmente absorbido con el éxito en mi trabajo. Durante este tiempo, me habían ascendido a Director general de una parte de nuestra compañía y tenía a mi cargo tres tareas de director ejecutivo simultáneamente. Hacía de media entre cincuenta y siete y noventa horas de trabajo semanales. Muchas veces estaba fuera veinticuatro horas durante siete días.

Les dije que yo era un portador de esta adicción, y estoy seguro de que algunos de ustedes también lo son, aunque quizá no sean conscientes de ello. Permítame preguntarle. ¿Alguna vez ha enviado un correo electrónico a un compañero de trabajo, o a alguien que trabaja para usted, en domingo o sábado, o por la noche? ¿Qué les está diciendo? Hablando por mí, les estaba diciendo: "Espero que trabajen veinticuatro horas todos los días de la semana. Espero que trabajen noventa horas a la semana". ¿Saben por qué? Porque esa es la conducta que yo les estaba mostrando. No les estaba diciendo que honraran el día de reposo. Quería que ellos respondieran mi correo el domingo por la mañana. Esperaba que ellos pusieran cada minuto de su tiempo y energía en el trabajo. Quería que mis empleados fueran como yo.

Tenía un trabajo de alto perfil, no solo en Colorado sino también en todo el país. Había llevado una parte relativamente pequeña de la compañía de unos veinte millones de dólares en ingresos a cien millones de dólares en unos doce meses. Se convirtió en una empresa altamente exitosa un ritmo muy rápido.

Pero entonces oí al Señor tan claro como nunca le había oído hablar. Dijo: "Este trabajo te matará". Sabía que era cierto. Mi trabajo iba a destruir mi caminar con el Señor. Iba a arruinar mi relación con la familia, e iba a seguir arrastrándome en dirección a mi adicción.

En vez de ello, seguí la guía del Señor. Dejé el trabajo lucrativo y acepté otro. Desde el comienzo, trabajaba desde casa con mis tejanos. Cenaba con mi esposa todas las noches. Vi a mi hija terminar su escuela. Pagué el precio del cambio económicamente, pero mi vida dio un salto *gigantesco* hacia delante. Un salto *gigantesco* hacia delante.

Así pues, ¿qué he hecho para reemplazar la conducta adictiva que parecía tan importante para mí? Tengo sed de entender la importancia de Dios. Tengo una paz que no conocía. Aún estoy como un alcohólico en rehabilitación que no puede beber. Aún lucho ocasionalmente con la duda y el temor al fracaso, pero tengo paz interior. He encontrado un equilibrio razonable en un trabajo que me gusta hacer. Tengo una vida mejor todos los días. Estoy libre de deuda. Estoy alegre, esperanzado y agradecido.

Mi hipertensión ha desaparecido. Tomo menos medicamentos y de menos dosis. Mi doctor estaba sorprendido y dijo: "Tienes una presión sanguínea más baja que la que has tenido en diez años". Mi prediabetes ha desaparecido. Del todo. Todos los análisis son normales por primera vez desde 2003. También tengo amigos a quienes rindo cuentas.

Pero como cualquier otro adicto, las tentaciones siguen estando ahí. Ustedes probablemente también lidian con ellas. Creo que los hombres cristianos no son distintos del resto de la sociedad en este asunto. En el mejor de los casos, quizá tengan una lucha mayor para tener éxito que los que no tienen fe. Nos mueve el no tener faltas en este mundo. Pero tenemos que admitir que somos vulnerables y necesitamos apoyarnos en los demás para permanecer en el camino recto.

Aún tengo que tener cuidado con el dinero. Vendí mi puesto y lo deposité en el banco. Después le dije al Señor: "Es tuyo". Quiero invertir en algo que tenga relevancia. Sabía que el Señor quería que apoyase un recorrido en autobús patrocinado por el Día Nacional de Oración. Podía haberlo invertido en una buena cuenta de ahorros. Podía haberlo invertido en un plan de jubilación. Pero tengo que preguntarme: cuando yo no esté, ¿ese dinero servirá para algún propósito? Quiero invertir en mis hijos y en algo que revitalice mi país. Espero ser bendecido con muchos nietos algún día. Quiero que ellos tengan un país en el que puedan seguir orando libremente, donde aún se valore el matrimonio. Quiero ayudar a promover principios y valores cristianos.

Así que les dejo con un versículo que he llevado en mi cartera durante treinta años ya. Es el mismo trocito de papel.

Lo sacaría, pero probablemente se rompería en mil pedazos. Lo he leído cada vez que he cambiado de puesto y cuando entré en el ejército. Es algo muy significativo para mí.

Dice:

> "Hermanos, yo mismo no pretendo haberlo ya alcanzado; pero una cosa hago: olvidando ciertamente lo que queda atrás, y extendiéndome a lo que está delante, prosigo a la meta, al premio del supremo llamamiento de Dios en Cristo Jesús" (Filipenses 3:13-14).

Mi sencilla oración para cada hombre aquí y para cada hombre en este país, es que escuchen la voz de Dios y realmente, realmente confíen en Él.

Gracias, y que Dios les bendiga a todos.[4]

Comentarios de Craig Dance

Me siento honrado de estar aquí en presencia de tantos hombres de Dios esta mañana. Este es el sexto año que asisto al Día Nacional de Oración, y tengo una gran sensación de humildad al haberme pedido hablar hoy.

Me gustaría contarles mi historia acerca de la fidelidad de Dios en mi vida. Permítanme darles algo de trasfondo. Nací y crecí en un hogar cristiano en Carolina del Sur. No conozco a un hombre más noble que mi padre. Él me dio un ejemplo tremendo en nuestro hogar como líder, pero tardé mucho tiempo en seguirle.

Decir que yo era la oveja negra de la familia sería una narración incompleta. Tenía tres hermanos y supongo que yo era "el que menos probabilidades tenía de tener éxito". Me descarrilé según fui creciendo. No estaba todo el día de fiesta ni nada parecido, pero suspendí en la universidad y me expulsaron, y cometí algunos errores más.

Después me enamoré de Hazel y nos casamos. Es una maravillosa mujer de Dios, y de hecho comenzó a ser mi mentora espiritualmente cuando estábamos saliendo y continuó después de casados. Comencé a ir por el camino recto. Sin embargo, siempre me había costado mucho administrar bien el dinero, y Hazel comenzó a hablarme del concepto del diezmo. Teníamos muy poco dinero en esos tiempos. No soy uno de esos tipos que nació con una cuchara de plata en su boca. A veces no tenía ni un dólar para comprar dos perritos calientes. Así que le dije a Hazel que no podíamos permitirnos dar, y no lo hicimos.

Entonces, una noche a finales de 1990, mi papá vino a nuestra casa. En un momento de la conversación dijo: "Hijo, hasta que no entiendas el concepto de diezmar, lucharás con ello durante toda tu vida". Y me desafió con mucha, mucha seriedad en el umbral de la puerta de nuestra casa a leer el libro de Malaquías, el cual habla específicamente de dar. Dijo: "Hijo, prueba a Dios en esta área de tu vida. La Biblia dice que puedes confiar en Él".

Por alguna razón, lo oí ese día y decidí en mi mente que diezmaría a partir de entonces aunque tuviéramos poco dinero en el banco. Así que comencé a dar, y quiero decirles que Dios cambió mi vida muy rápidamente. La Biblia dice que si Él no puede confiar en usted en lo poco, tampoco podrá confiar en lo mucho. Realmente yo no entendía eso, pero comencé a dar el diezmo de lo poco que tenía. Y enseguida mi vida comenzó a dar un giro.

Así es como ocurrió. Crecí siendo un gran aficionado a los deportes. Me encantan los deportes y quería ser el siguiente Brent Musburger, o el siguiente Jim Nance. Así que a medida que las cosas comenzaron a mejorar a finales de los noventa, fui a trabajar para una empresa de autobuses llamada Good News Express. Estuve con ellos durante dos años y aprendí el negocio. Aún seguía sin tener mucho dinero, pero fue entonces cuando el Señor puso el sueño en mi corazón de comenzar mi propio negocio.

Creé un plan de negocio para atender a equipos deportivos, y estaba basado en tres pilares. Primero, quería conseguir una vida mejor para mi familia y proveer para mis hijos. Segundo, cuando aprendí las lecciones de dar, quería ser capaz de sembrar recursos en el reino de Dios y dar a los ministerios en los que creía. El tercero es que quería hacer que Champion Coach fuese un lugar muy bueno donde trabajar para conductores. Quería crear una atmósfera de respeto y bondad para ellos basándome en una cultura decididamente cristiana. Esos eran los tres pilares de Champion Coach, y fue ahí donde comenzamos.

Yo seguía sin tener ni dos monedas, pero ese era mi sueño. Sin embargo, pude comenzar Champion Coach en 1998, literalmente sin una moneda en mi bolsillo. Pedí prestado un millón y medio de dólares al diez por ciento de interés y financié el negocio por diez años. Hagan la cuenta y díganme cómo sobrevivimos sin ningún otro capital. Fue la gracia de Dios.

Comenzamos operando con cuatro autobuses en septiembre. Yo hice una entrega en mi octavo autobús el día 31 de diciembre, y tuvimos suerte. Champion Coach pasó de cero a ocho autobuses en unos noventa día. Despegó desde el primer día.

No voy a decirles que no tuvimos luchas, porque ciertamente las tuvimos. Con treinta y un años de edad y sin experiencia en los negocios, fue difícil gestionar ocho, y doce, y finalmente quince autobuses, con treinta conductores. Operábamos desde el sótano de mi casa. Sin duda, tomé algunas malas decisiones, pero puedo decir sinceramente que nunca dejamos de pagar un sueldo. Nunca hubo un día en que me preguntase si lo lograríamos. Siempre supe que el Señor proveería para nosotros mientras le obedeciésemos y mantuviésemos el pilar de sembrar en su reino.

Llegamos a ser una empresa muy respetada en todo el país, teniendo contratos con la Major League Baseball, la NFL, la NBA, y juegos de fútbol y baloncesto universitarios. Champion se convirtió en el operador exclusivo para los Yankees de Nueva York y sirvió los eventos de la Super Bowl y las Final Four de baloncesto. Yo no podía creer cómo nos estaba bendiciendo Dios.

Recuerdo que yo quería ser locutor deportivo, pero no podría haberlo sido. No funcionaría para mí viajar trescientos días al año o comentar ciento ochenta partidos de béisbol al año, porque soy un hombre de familia. Mi prioridad era estar en casa con mi familia y ser un buen esposo y un buen padre para mis hijos. Así que nunca podría haber hecho eso. En cambio, Dios me llamó a cumplir su perfecta voluntad para mi vida.

Pero había un gran desafío por llegar. El 3 de agosto de 2011 recibí una llamada de nuestros mayores clientes. Me dijo: "Acabo de oír en la CBS Sports que están buscando una empresa de bus de calidad. Les dije que le llamaran".

Yo dije: "Estupendo. Hablaré con ellos".

Más adelante ese mismo día, el director ejecutivo de CBS Sports me llamó. Ese fue el comienzo de varias semanas de negociaciones que implicaban a nuestra empresa. Fue increíble. Me llevaron a las oficinas de centrales de CBS en Nueva York donde se presentaron los detalles. Ellos tenían los derechos del partido del campeonato de la Conferencia del Sur, el partido de la LSU en Alabama, el torneo Masters, la Super Bowl, el torneo de baloncesto Final Four, Major League Baseball, y muchos otros eventos deportivos nacionales. Era todo lo que yo podría haber soñado. Champion Coach estaría "envuelto" y visto por millones de personas en las redes televisivas. El contrato sería para dos años.

Finalmente, el viernes antes del Día del Trabajo, llegamos a un acuerdo con CBS Sports para que Champion Coach fuese el crucero de CBS de la Conferencia del Sur.

Pero no terminó ahí. El presidente de CBS Television me detuvo en el vestíbulo de un hotel y me dijo: "Quiero promover CBS Television en un tour en autobús de sesenta días y presentar nuestra nueva programación de otoño este verano. Queremos visitar a todos nuestros afiliados por todo el país. Vamos a abrir el tour en la televisión nacional con el festival Boston Pops el Cuatro de Julio. George dijo que quería hablar conmigo acerca de conseguir el autobús para hacer esto.

Yo dije: "Vaya, eso suena interesante". Pero comencé a sentirme inquieto. Pensaba: "¿Es esto algo en lo que yo debería participar?".

Hay una diferencia distintiva entre la programación de CBS Sports y CBS Television, la cual produce basura y cosas que mi familia no verá. ¿Podría yo permitir que mi autobús estuviese envuelto en imágenes de violencia, mujeres con escasa ropa y cosas parecidas? Eso no es lo que ha defendido Champion Coach.

No le hablé al ejecutivo acerca de mi renuencia. Tan sólo dije: "Bien. Eso suena estupendo. Hablaremos al respecto". Estaba claro que el trato deportivo y el tour de la televisión estaban relacionados, y George tenía la llave de nuestro trato en 2012 con CBS Sports. Era un trato lucrativo para nosotros.

Las negociaciones avanzaron, y George se mantuvo en contacto conmigo. En enero de 2012 llamó y me dijo: "Tenemos que arrancar el 'Buzz Tour'". Quería saber qué iba a hacer Champion Coach.

Le dije: "Bueno, George. Estaré en LA en febrero".

Es ahí donde tiene la base CBS.

Le dije. "¿Por qué no vienes y podemos hablar de esto?".

Él dijo: "¡Eso sería estupendo! Lo pondré en mi calendario".

Hazel y yo volamos a Los Ángeles y almorzamos juntos. Oramos acerca de la decisión que teníamos delante, y después fuimos a CBS.

Nos reunimos otra vez con George. Hablamos del trato, pero no lo cerramos.

Después de salir de la reunión, Hazel y yo volvimos a preguntarnos otra vez el uno al otro si eso era algo que nos sentiríamos bien al hacer.

Regresamos a Carolina del Sur, y George comenzó de nuevo a llamar y enviar correos electrónicos. Antes de darme cuenta, otros ejecutivos de CBS estaban volando desde Nueva York hasta nuestras oficinas. Llevaban con ellos a estrellas de programas de la televisión a nuestra pequeña oficina en Greenville, Carolina del Sur. Nosotros seguimos orando al respecto, y no podíamos sentir la paz que Dios nos da cuando estamos haciendo lo correcto. Simplemente no estaba ahí. Pero ¿qué iba a hacer yo con la CBS buscándonos? Pensé que quizá les enviaría el contrato y elevaría el precio tanto, que ellos nunca lo aceptarían. Quería salir por el camino fácil.

Comencé a buscar el consejo de líderes cristianos, incluidas personas que pensaba que eran más sabias que yo: mi padre, mi pastor y el presidente de Joni and Friends, y otros. Y todos comenzamos a orar y buscar la voluntad de Dios. Finalmente sentimos que el Señor me decía que llamase a CBS y les hiciera saber cuál era nuestra postura.

Así que agarré el teléfono y llamé al presidente de CBS. Dije: "George, soy Craig. Escucha, necesito hablar sinceramente contigo. Necesito decirte cuál es mi postura. Yo soy cristiano; soy nacido de nuevo, y mi empresa promueve los valores buenos, sinceros y limpios en América".

Dije: "Sencillamente no puedo ponerme a mí mismo y mi empresa al lado de algunas de las cosas que ustedes están produciendo allí en CBS. También me preocupa el autobús. ¿Cómo se verá? ¿Qué van a poner en él? ¿Va a incluir violencia? ¿Va a mostrar mujeres con escasa ropa? ¿Cómo va a ser?".

Él dijo: "Craig, tenemos el mismo sentir. Tú y yo tenemos el mismo sentir".

Yo estaba sentado pensando: "¿Lo tenemos?".

Él dijo: "Me gustaría pensar que CBS no tiene ningún programa de ese tipo. Y sin problema alguno, trabajaremos contigo. Tú puedes tener la última palabra en cuanto a lo que aparece en el autobús".

Permítanme decirles por qué este hombre de negocios dijo que teníamos un mismo sentir, y cómo podía decirlo tan fácilmente. Se debe a que la cultura popular acepta la blasfemia, la violencia, el sexo y la homosexualidad en televisión. Eso ya no le asombra a nadie.

Por tanto, terminamos nuestra llamada, y yo fui a decirle a mi esposa lo que habíamos hablado. Llamamos a nuestro pastor y a mi papá otra vez, y hablamos y oramos acerca del dilema.

Entonces salió el primer diseño que llevaría el autobús, y tenía a un tipo con una pistola. Por tanto, envié un correo electrónico a los diseñadores y dije: "Hablé con George sobre esto, y lo aclaramos. No lo voy a aceptar". Así que enviaron otro diseño. Quitaron lo malo.

Pero entonces entré en la oficina de Hazel y miré la sección de entretenimientos de *USA Today*. El titular decía: "CBS revela su programación de otoño para 2012". Leímos la historia. Decía que CBS tendrá un nuevo programa en el otoño titulado *Compañeros*. Y pueden imaginar de lo que trataba *Compañeros*...dos hombres gays.

En ese momento supe que habíamos llegado al final del camino con CBS. Así que envíe un correo electrónico al diseñador y dije: "¿Se anunciará *Compañeros* en nuestro autobús de alguna manera?". Y la señora preguntó: "¿Hay algún problema?". Y yo dije: "Sí".

Eso fue a las 5:00 de la tarde. George estaba en LA. Así que me fui a casa. Le conté a Hazel lo que había sucedido y dije: "Mira, no vamos a seguir adelante con el trato. Vamos a defender la rectitud y hacer lo correcto aquí".

A la mañana siguiente, entré a la oficina a las 8:00 en punto y George de CBS televisión estaba al teléfono. Yo respondí.

"George, ¿qué tal esta mañana?".

Él dijo: "Bien, Craig, ¿y tú?".

"Estupendo".

Él dijo, y estas fueron sus palabras exactas: "Escucha, Craig, tenemos que hacer concesiones en esto. Tenemos que hacer concesiones".

Yo me senté, respire profundamente y pensé: "Señor, ayúdame". Dije: "George, no habrá ninguna concesión en este asunto. Te dije lo que defiendo, y te digo que creo que necesito ir por otro camino". No mencioné el tema de la homosexualidad cuando hablé con él. Me refiero a que es un tema delicado para las personas, en particular para la industria del entretenimiento. Y en ese momento CBS no tenía ningún programa que yo pudiera encontrar que fomentase a gays, así que no lo mencioné. Ahora bien, yo estaba en un punto clave porque había ido con rodeos. Pero dije: "No habrá ninguna concesión. La Biblia es clara. El matrimonio es entre un hombre y una mujer, y no podemos hacer concesiones. Me alegrará dejarte libre del contrato, y yo también quedaré libre, pero Champion Coach no puede hacerlo".

Él dijo: "Craig, lo arreglaremos. Lo arreglaremos. Te llamaré otra vez en una hora".

Yo entré y le dije a Hazel. "Creo que van a arreglarlo. Me respetan".

Ella dijo: "Cariño, te respetan pero recibirás pronto otra llamada de George".

Y así fue. Él me llamó otra vez y dijo: "Craig, respeto tu opinión, pero CBS no puede anunciar nuestros programas según las perspectivas de un solo hombre. Así que te pedimos que nos dejes libres del contrato".

Yo estuve de acuerdo y dije: "Lo siento, George, pero lo que Champion Coach defiende y lo que hemos estado promoviendo durante quince años es mucho más importante para nosotros que el trato lucrativo que hicimos".

No sé cuántos cientos de miles de dólares habríamos recibido de CBS Sports, pero no importaba porque yo sabía que la Escritura era clara en todos estos asuntos. No había blanco y negro. Me refiero a que estaba claro, que yo estaba convencido. Sabía que era el momento de defender la rectitud.

George me dijo antes de colgar: "Escucha, Craig, me caes muy bien. Puedes seguir adelante y hacer tu trato con CBS Sports. Podrás hacer eso". Pero yo sabía que había terminado, así que colgué el teléfono, entré y hablé con Hazel. Le dije que lo que había sucedido, y estuvimos contentos con ello. Hubo la paz que Dios promete en su Palabra, y que sobrepasa todo entendimiento.

Pero había una cosa más que yo tenía que hacer. Tenía que hacer una llamada telefónica a los muchachos en CBS Sports. Ellos habían sido mis amigos, y habían confiado en mí para llevar su visión para el crucero de CBS a la temporada 2012. Ellos habían puesto mucha fe en mí y sabían que yo lo terminaría. Y por eso tenía que llamarles.

No tenía ganas de hacer esa llamada porque pensaba que ellos me dirían que era un tonto, y: ¿cómo pudiste hacernos esto? Pero quien había estado planeando los eventos deportivos, que es ateo, estuvo completamente en silencio durante un minuto. Entonces dijo: "Vaya. Nunca he oído de nadie que respalde lo que dice con sus hechos de ese modo en toda mi vida". Eso fue exactamente lo que dijo.

Continuó: "Te respeto y te odio, pero haré todo lo que pueda para que el trato en lo deportivo siga adelante a pesar de esto. No sé en qué posición estará la burocracia, pero intentaré hacer que suceda". Cada persona a la que llamé, me trató con respeto.

Tan sólo quiero decirles a todos los que están aquí hoy, que quiero alentarles en sus negocios. Si están en un dilema moral como este y defienden la rectitud, no lo lamentarán. Al final, la rectitud prevalecerá.

El año 2012 resultó ser el mejor año que hemos tenido en la historia de Champion Coach. No extrañamos el dinero de CBS. Debido a esa bendición hemos sido capaces de llevar ese segundo pilar al siguiente nivel. Proporcionamos autobuses para Family Research Council, Joni and Friends,

Family Talk, el Día Nacional de Oración, *Enfoque a la Familia*, y otros. Probamos a Dios, y Él fue fiel.

Y esto es lo que estamos haciendo ahora. Nuestro nuevo proyecto es fomentar la oración por América. Todo esto se trata de justicia y rectitud, y ponerse en la brecha. Quiero dejarles con un versículo de la Escritura que leí esta mañana. Dice: "Mas la misericordia de Jehová es desde la eternidad y hasta la eternidad sobre los que le temen, y su justicia sobre los hijos de los hijos" (Salmos 103:17).

Asegurar justicia para mis hijos y sus hijos es de lo que se trata.

Dios les bendiga a todos.[5]

———

¿No fueron comentarios inspiradores de Russ y Craig? Quiero darles las gracias por compartir sus historias personales con nosotros, y por su disposición a revelar no sólo sus triunfos a lo largo del camino, sino también el lado oscuro de sus viajes. He incluido sus relatos en este libro porque sus experiencias son muy relevantes para otros hombres. He hablado con miles de hombres de todas las edades, y puedo decir que quienes están en la mediana edad o son más mayores, por lo general albergan profundos lamentos acerca de sus prioridades. La mayoría de ellos entienden eso ahora. Los hombres más jóvenes aún no han entendido los errores que están cometiendo, pero finalmente lo harán. Los detalles son distintos en cada caso, pero los caminos que han recorrido resultan muy familiares.

Quienes tienen personalidades "Tipo A" se han golpeado la cabeza con la misma piedra. Comenzaron la vida adulta con un insaciable deseo de poder, posesiones, éxito, logros y posición, lo cual condujo a una constante presión por el tiempo, agotamiento, conflicto matrimonial y/o divorcio, y en última instancia, aislamiento de sus hijos. Si algo no sucede para hacerles cambiar, el resultado final con frecuencia será enfermedad crónica, desesperación y muerte. Russ vio venir eso.

Permítanme hablar directamente ahora a los jóvenes, en particular sobre otra trampa que está en el camino. Lean con atención, por favor. Cualesquiera que sean sus deseos, ya sea dinero, estatus, gloria, sexo, influencia, o todo lo anterior, les prometo que Satanás aparecerá para ofrecérselo. Él conoce sus vulnerabilidades, y pondrá delante de ustedes precisamente lo que desean. Entonces les seducirá para que lo tomen, como hizo con Eva en el huerto de Edén. Pero como sucedió con ella y después con Adán, ustedes no obtendrán el premio sin pagar un elevado precio por ello. Puede que incluso tengan que vender su alma para poder conseguirlo. Puede que comiencen a hacer concesiones en su sistema de creencias, como con la deshonestidad, el flirteo sexual, beber en exceso y la explotación de otras personas. Podrían estar entre incontables hombres que ignoran las necesidades sexuales y emocionales de su esposa. Eso puede conducir a su propia soledad interior, lo cual abre camino para la pornografía, el juego y otras emociones baratas. Todo ello es parte del paquete.

Imaginen la tentación bajo la cual estaba Craig. Él tenía a su alcance todo éxito posible en los negocios que pudo haber soñado. Provenía de una de las instituciones más potentes jamás edificadas: CBS Television y CBS Sports. Lo único que él tenía que hacer era permitir que su empresa fuese utilizada para promover la maldad de diversas formas. El atractivo no podría haber sido más seductor. Gracias a Dios que tenía una esposa estupenda y un padre que estuvieron a su lado durante su prueba de fuego. Él vaciló por un momento, pero entonces tomó la decisión correcta al final. Ahora el Señor le está bendiciendo en abundancia; no sólo económicamente, sino también en su matrimonio, su vida personal y la espiritualidad de sus hijos. ¿Cómo podría CBS haber competido contra tan abundantes beneficios?

La buena noticia es que los hombres no tienen que autodestruirse. Russ y Craig reconocieron hacia dónde se dirigían. Sus esposas estaban orando por ellos. Los hombres necios son quienes no escuchan las preocupadas voces de las mujeres que Dios les dio. Este es uno de los mensajes más importantes que se encuentran en estas dos historias.

Si de alguna manera he parecido predicar con este comentario, por favor recuerden que yo casi cometo los mismos errores cuando era joven. La oportunidad me llamaba desde todos los flancos, y casi me embriagué de sus promesas. Sí, yo transitaba por el mismo camino rocoso. Mi esposa Shirley ayudó a abrir mis ojos, y mi padre me retiró del precipicio. Él llegó hasta el corazón del problema cuando escribió: "No ganar a tus hijos para Cristo haría del mero éxito en tu profesión un asunto muy desdibujado y diluido, ciertamente. Pero esta oración demanda tiempo, tiempo que no puede ser dedicado si está todo él ocupado y puesto sobre el altar de la ambición profesional".

Yo desperté a tiempo para revertir el curso. ¿Lo hará usted? Esa es mi oración por usted.

CAPÍTULO 12

Formación espiritual de los hijos

Nuestro tema ha sido el de examinar la tarea más importante en la educación, que es ganar a los hijos para Jesucristo. Ese proceso de enseñanza es más difícil en la actualidad que en el pasado, dada la depravación cultural de nuestro tiempo y los esfuerzos por parte de hombres y mujeres sin escrúpulos que pretenden manipularla. Distorsiones de la verdad están por todas partes, en la literatura secular para niños, los dibujos animados, las películas, la música, algunos salones de escuelas públicas, y en toda la cultura. Por tanto, voy a repetir algunas preguntas que se hacen comúnmente acerca de preocupaciones espirituales y sugerencias desde mi perspectiva.

P: ¿Cuál es el período más importante en la formación espiritual de los niños pequeños?

R: Cada etapa es importante, pero creo que el quinto año es por lo general el más crítico. Hasta ese momento, los niños creen en Dios porque sus padres dicen que eso es lo correcto. Aceptan la realidad de Jesús, en gran parte del mismo modo en que creen en la fábula de Santa Claus. Los niños no piensan de manera crítica sobre cómo es posible que el hombre del traje rojo recorra todo el planeta en una única noche, o cómo un trineo puede ser tirado por ocho renos cruzando el cielo. Es ridículo, desde luego, pero un niño de tres o cuatro años lo aceptará sin crítica y de manera inocente sin mamá y papá dicen que es cierto.

A los cinco o seis años de edad, sin embargo, los niños y las niñas comienzan a pensar de manera más crítica en lo que les dicen. Algunos de ellos llegan a una encrucijada en el camino alrededor de ese tiempo. Comienzan a interiorizar lo que les han enseñado y apropiarse de ello, o bien las historias de la Biblia se vuelven como las fábulas que no existen en el mundo real. Es un momento para una cuidadosa instrucción en el hogar y en la iglesia.

Ciertamente, no es mi intención dar a entender que los padres deberían esperar hasta que los niños estén en la escuela para comenzar su formación espiritual. Tampoco son insignificantes los años subsiguientes. Pero estoy convencido de que nuestros mayores esfuerzos para enseñar a los niños sobre Jesús deberían producirse en esa época, y nuestros mejores maestros de la escuela dominical debieran ser asignados a esos niños entre cinco o seis años de edad. Después de eso habrá encrucijadas cruciales, sin duda, pero esta es la primera.

P: Creo que es mejor para mí dejar que mi hijo "decida por sí mismo" en los temas relacionados con Dios. Si le dijéramos lo que debe creer, ¿no sería eso obligarle a tragarse nuestra religión?

R: Permítame responder la pregunta con una ilustración de la naturaleza. Un pequeño gansito tiene una característica peculiar que es relevante en este punto. Poco después de salir del huevo, quedará unido, o "grabado" a lo primero que ve a que se mueve cerca de él. Desde ese momento en adelante, el gansito sigue a ese objeto particular cuando se mueva cerca de él. Normalmente, queda grabado a la mamá ganso que estuvo cerca para ser testigo de la nueva generación.

Sin embargo, si ella se va, el gansito se conformará con cualquier sustituto móvil, esté vivo o no. De hecho, un gansito fácilmente seguirá a un balón deshinchado de fútbol arrastrado por una cuerda atada a él. Una semana después, se pondrá en línea detrás del balón cuando este se mueve.

El tiempo es el factor crítico en este proceso. El gansito es vulnerable a grabarse durante sólo unos segundos después de salir del huevo; si esa oportunidad se pierde, no puede recuperarse más adelante. En otras palabras, hay un breve "periodo crítico" en la vida del gansito cuando es posible este aprendizaje por instinto.

Regresando ahora a su pregunta, también hay un periodo crítico en que ciertos tipos de enseñanza se realizan con más facilidad en la vida de los niños. Aunque los seres humanos no tenemos instintos (solamente impulsos, reflejos, etc.), hay un breve periodo de tiempo durante la niñez en que nuestros jóvenes son vulnerables a la formación religiosa. Sus conceptos del bien y del mal son formulados durante ese periodo, y su perspectiva de Dios comienza a asentarse. Como en el caso del gansito, la oportunidad de ese periodo debe aprovecharse cuando el niño está preparado en el aspecto del desarrollo. Se ha citado mucho a líderes de la iglesia católica diciendo: "Entréguenos un niño hasta que tenga siete años de edad, y le tendremos para toda la vida"; por lo general están en lo correcto, porque las actitudes permanentes pueden ser grabadas durante esos siete años vulnerables.

Desgraciadamente, sin embargo, también lo opuesto es cierto. La ausencia o la mala aplicación de enseñanza durante este periodo puede situar una grave limitación a la profundidad de la posterior devoción a Dios del niño. Cuando los padres retiran la enseñanza a sus hijos pequeños, permitiéndoles que "decidan por sí mismos", está casi garantizado para los adultos que sus jóvenes "decidirán" hacia lo negativo. Si los padres quieren que sus hijos tengan una fe significativa, deben renunciar a cualquier intento mal guiado de objetividad. Los niños escuchan atentamente para descubrir lo mucho que sus padres creen lo que predican. Cualquier indecisión o confusión ética por parte de los padres es probable que sea magnificada en el niño.

Después de la mitad de la adolescencia (que termina aproximadamente a los quince años), los niños a veces resienten la severidad en cuanto a todo, incluyendo lo que creer. Pero si se ha realizado adecuadamente una exposición temprana, deberían tener un ancla para mantenerlos firmes. Su temprano adoctrinamiento, entonces, es la clave de las actitudes espirituales que llevan a la edad adulta.

Sugiero renunciar a cualquier idea equivocada de permitir que los niños "decidan por sí mismos". Puede que lamente haber hecho eso más adelante.

P: Usted ha dicho que los hijos de padres piadosos algunas veces pasan a una grave rebelión y nunca regresan a la fe que les enseñaron. He visto suceder eso a algunas maravillosas familias que amaban al Señor y estaban comprometidas con la iglesia. Aun así, parece ser contradictorio con la Escritura. ¿Cómo interpreta Proverbios 22:6, que dice: "Instruye al niño en su camino, y aun cuando fuere viejo no se apartará de él"? ¿No significa ese versículo, como da a entender, que los hijos de padres cristianos sabios y dedicados nunca se perderán? ¿No promete que los hijos que se apartan regresarán, tarde o temprano, al rebaño?

R: Me gustaría que el mensaje de Salomón para nosotros pudiera ser interpretado así, sin ninguna duda. Sé que la comprensión común del pasaje es aceptarlo como una garantía divina, pero no fue expresado en ese contexto. El psiquiatra John White, al escribir en su excelente libro *Parents in Pain* [Padres con dolor], argumenta que los proverbios nunca tuvieron la intención de ser promesas absolutas de parte de Dios. En cambio, son "probabilidades" de cosas que es posible que sucedan. Salomón, quien escribió el maravilloso libro de Proverbios, era el hombre más sabio sobre la tierra en aquella época. Su propósito fue el de comunicar sus observaciones divinamente inspiradas sobre el modo en que la naturaleza humana y el universo de Dios funcionan. Un conjunto dado de circunstancias puede esperarse que produzcan un conjunto de consecuencias específicas. Desgraciadamente, varias de esas observaciones, incluido Proverbios 22:6, se han sacado de ese contexto y se han dejado solas como si fueran promesas de Dios. Si insistimos en esa interpretación, entonces debemos explicar por qué muchos otros de los proverbios inevitablemente no demuestran ser acertados. Por ejemplo:

"La mano negligente empobrece; mas la mano de los diligentes enriquece" (10:4). (¿Ha conocido alguna vez a un cristiano diligente pero pobre? Yo sí).

"La bendición de Jehová es la que enriquece, y no añade tristeza con ella" (10:22).

"El temor de Jehová aumentará los días; mas los años de los impíos serán acortados" (10:27). (He visto a algunos niños hermosos morir con un testimonio cristiano en sus labios).

"Ninguna adversidad acontecerá al justo; mas los impíos serán colmados de males" (12:21).

"Los pensamientos son frustrados donde no hay consejo; mas en la multitud de consejeros se afirman" (15:22).

"Corona de honra es la vejez que se halla en el camino de justicia" (16:31).

"La suerte se echa en el regazo; mas de Jehová es la decisión de ella" (16:33).

"El príncipe falto de entendimiento multiplicará la extorsión; mas el que aborrece la avaricia prolongará sus días" (28:16).

Todos podemos pensar en excepciones de las afirmaciones anteriores. Para repetirlo, los proverbios parecen representar probabilidades en lugar de conceptos absolutos con la garantía personal de Dios incluida.

Esta interpretación de la Escritura es en cierto modo controvertida entre los laicos, pero menos entre los eruditos de la Biblia. Por ejemplo, el *Bible Knowledge Commentary: Old Testament*, preparado por la facultad del Seminario Teológico de Dallas, acepta la comprensión que he sugerido. Este comentario es reconocido por su intenso compromiso con la interpretación literal de la Palabra de Dios; sin embargo, eso es lo que escribieron los teólogos.

Algunos padres, sin embargo, han buscado seguir esta directiva pero sin este resultado. Sus hijos se han desviado de la educación piadosa que sus padres les dieron. Esto ilustra la naturaleza de un proverbio. Un proverbio es un recurso literario mediante el cual una verdad general se hace reflejar en una situación concreta. Muchos de los proverbios no son garantías absolutas, ya que expresan verdades que están necesariamente condicionadas por las circunstancias prevalecientes. Por ejemplo, los versículos 3, 4, 9, 11, 16 y

29 de Proverbios 22 no expresan promesas que son siempre vinculantes. Aunque los proverbios son generalmente y normalmente ciertos, pueden observarse excepciones ocasionales. Esto puede ser debido a la desobediencia deliberada de un individuo que decide ir por su propio camino: el camino de la necedad en lugar del camino de la sabiduría. Por eso es responsable. Es generalmente cierto, sin embargo, que la mayoría de los niños que son educados en hogares cristianos, bajo la influencia de padres piadosos que enseñan y viven las normas de Dios, siguen esa educación.

Quienes creen que Proverbios 22:6 ofrece una garantía de salvación para la siguiente generación han supuesto, en esencia, que puede programarse a un niño de modo tan exacto como para determinar su camino inevitablemente. Si le enseñan "en su camino", el resultado es seguro. Pero pensemos en eso por un momento. ¿No entregó el Creador a Adán y Eva infinita sabiduría y amor? Él no cometió ningún error al "educarlos". Ellos también estaban en un ambiente perfecto sin tener ninguna de las presiones que nosotros afrontamos. No tenían problemas con familiares políticos, ninguna necesidad económica, ningún jefe frustrante, no tenían televisión, ni pornografía, ni alcohol o drogas, no tenían presión de grupo y tampoco tristeza. ¡Ellos no tenían excusa! Sin embargo, ignoraron la advertencia explícita de Dios y cayeron en pecado. Si fuese posible evitar las trampas de la maldad, habría sucedido en ese mundo sin pecado. Pero no sucedió. Dios en su amor dio a Adán y Eva a escoger entre lo bueno y lo malo, y ellos abusaron de eso. ¿Acaso no retirará Él esa misma libertad a sus hijos? No. En definitiva, ellos tomarán sus propias decisiones. Ese momento de decisión es un momento que quita el aliento a los padres, cuando todo lo que ellos han enseñado parece estar en juego. Pero ese momento debe llegar para todos nosotros.

P: Usted obviamente es muy firme acerca de esta mala interpretación de la Escritura. ¿Cuáles son sus implicaciones?

R: Lo que más me preocupa son los padres cristianos dedicados y sinceros cuyos hijos e hijas adultos se han rebelado contra Dios y contra sus propias familias. Muchas de esas madres y padres hicieron lo mejor que pudieron para educar adecuadamente a sus hijos, pero de todos modos los perdieron. Esa situación produce enorme culpabilidad en sí misma, aparte de la comprensión bíblica. Ellos son guiados a creer que Dios ha prometido, absolutamente garantizado, el bienestar espiritual de los hijos cuyos padres hacen su tarea adecuadamente. ¿Qué conclusión deben sacar, entonces, a la luz de la continuada rebelión y el pecado en la siguiente generación? ¡El mensaje es inevitable! Debe de ser culpa de ellos. Ellos han condenado a sus propios hijos al no cumplir su parte del trato. Han enviado a sus queridos hijos al infierno por sus fracasos en la educación. Esta idea es tan terrible para un creyente sensible que realmente podría minar su cordura.

Yo sencillamente no creo que Dios tuviera intención de que la total responsabilidad por el pecado en la siguiente generación recayera sobre las espaldas de padres vulnerables. Cuando vemos la Biblia completa, no encontramos apoyo alguno para esa posición extrema. No recayó la culpa en sus padres del asesinato de Abel a manos de Caín. José era un hombre piadoso y sus hermanos eran unos granujas; sin embargo, su padre y sus madres (Jacob, Lea y Raquel) no fueron hechos responsables de las diferencias que había entre ellos. El piadoso Samuel educó a hijos rebeldes; sin embargo, no recayeron sobre él los pecados de ellos. Y en el Nuevo Testamento, el padre del hijo pródigo nunca fue acusado de haber educado a su hijo de modo inadecuado. Parece que el muchacho era lo bastante mayor para tomar sus propias decisiones tercas, y su padre no se interpuso en su camino. Este buen hombre nunca se arrepintió de ningún error; tampoco necesitaba hacerlo.

No es mi intención dejar sin responsabilidad a los padres cuando han sido descuidados o poco comprometidos durante los años de educación de sus hijos. Hay al menos un ejemplo bíblico de la ira de Dios que recae sobre un padre que no disciplinó y educó a sus hijos. Ya he mencionado el relato de Elí, quien educó a hijos indisciplinados y rebeldes. Gran parte de la culpa recayó sobre el viejo sacerdote.

Obviamente, el Señor toma en serio nuestras tareas de educación, y espera que nosotros hagamos lo mismo. ¡Pero Él no quiere que nosotros nos revolquemos en culpabilidad por circunstancias que están más allá de nuestro control!

P: Nuestros tres hijos recibieron oración antes de ser concebidos, y hemos puesto sus nombres delante del Señor casi cada día de sus vidas. Sin embargo, nuestra hija mediana ha decidido rechazar nuestra fe y hacer cosas que sabe que son equivocadas. Está viviendo con un hombre divorciado dos veces, y aparentemente no tiene intención alguna de casarse con él. Se ha realizado al menos dos abortos que nosotros sepamos, y su forma de hablar es horrible. Mi esposa y yo hemos orado hasta el agotamiento, pero parece que ella no ha mostrado interés alguno en regresar a la iglesia. A veces, me enojo mucho con Dios por haber permitido que esto tan terrible suceda. He llorado hasta que ya no me quedaban lágrimas. Hábleme de lo que logra la oración intercesora, si es que logra algo. ¿Hay alguna esfera en la que el Padre no entrará?

R: Sin duda, puedo entender su dolor. Quizá haya más personas que se han desilusionado con Dios por motivo de un hijo o una hija que se ha apartado que por cualquier otro problema. No hay nada más importante para la mayoría de padres y madres cristianos que la salvación de sus hijos. Cualquier otra meta y logro en la vida es anémico e insignificante comparado con esta transmisión de la fe a sus descendientes. Esa es la única manera en que las dos generaciones pueden estar juntas por toda la eternidad, y esos padres, como ustedes, han estado orando día y noche por que haya un despertar espiritual. Desgraciadamente, si Dios no responde esas oraciones con rapidez, existe la tendencia a culparle y a batallar con intensos sentimientos de amargura. ¡La "barrera de la traición" reclama otra víctima!

Con frecuencia, este enojo con el Señor resulta de una mala comprensión de lo que Él hará y no hará en las vidas de aquellos por quienes intercedemos. La pregunta clave es la siguiente: ¿requerirá Dios a nuestros hijos que le sirvan si ellos escogen un camino de rebeldía? Es una pregunta críticamente importante.

Permítame explicar de nuevo que Dios no obligará a nadie a seguirle. Si esa fuese su inclinación, ninguna persona se perdería nunca. Segunda de Pedro 3:9 dice: "El Señor…es paciente para con nosotros, no queriendo que ninguno perezca, sino que todos procedan al arrepentimiento". Sin embargo, para reclamar esta gran salvación hay una condición. El individuo debe estirar su brazo y agarrarla. Él o ella deben arrepentirse de sus pecados y creer en el nombre del Señor Jesucristo. Sin este paso de fe, el regalo del perdón y de la vida eterna es imposible.

Ahora permítame hablar de su pregunta acerca de lo que logra la oración intercesora. Refiriéndome de nuevo a la perspectiva del libro del Dr. White, *Parents in Pain*, que desgraciadamente ya no se publica, él escribió:

> Aquí yace una clave para entender cómo podemos orar por nuestros propios hijos o por cualquier otra persona. Podemos pedir con toda confianza que Dios abra los ojos de los ciegos moralmente y espiritualmente. Podemos pedir que los autoengaños detrás de los cuales se esconden los pecadores puedan ser consumidos ante la feroz luz de la verdad, que las oscuras cavernas pueden ser abiertas para permitir que entre la luz del sol, y que las máscaras puedan ser arrebatadas al hombre o la mujer para revelar el horror de su desnudez ante la santa luz de Dios. Podemos pedir sobre todo que la gloria del rostro de Cristo brille en la ceguera espiritual causada por el dios de este mundo (Corintios 4:4). Todo esto podemos pedirlo con toda seguridad de que Dios no solamente oirá sino que se deleitará en responder.

> Pero no podemos pedirle que fuerce a un hombre, una mujer o un niño al que le amen y confíen en Él. Que les libre de la abrumadora tentación: sí. Que les dé toda oportunidad: sí. Que revele su belleza, su ternura, su perdón: sí. Pero obligar a un hombre en contra de su voluntad a

doblar su rodilla: no en esta vida. Y obligar a un hombre a confiar en Él: nunca.

Dicho de otra manera, el Señor no salvará a una persona contra su voluntad, pero tiene mil maneras de hacer que esté más dispuesto. Nuestras oraciones desatan el poder de Dios en la vida de otro individuo. Se nos ha otorgado el privilegio de entrar en oración intercesora por nuestros seres queridos y de poner sus nombres y sus rostros delante del Padre. A cambio, Él hace que las decisiones importantes estén muy claras para ese individuo y trae a su vida influencias positivas para maximizar la probabilidad de hacer lo correcto. Más allá de eso, Él no irá.

P: Mi esposa y yo hemos estado orando por la salvación de nuestros hijos durante más de veinticinco años, y no hay señal alguna de que Dios haya ni siquiera escuchado esas oraciones. Sé que Él ama a nuestra familia, pero estoy bastante desalentado. ¿Puede decirnos algo que avive nuestra fe de nuevo?

R: Tengo una palabra de aliento para ustedes y para otros que han pedido al Señor un milagro que aún no ha llegado. Se encuentra en uno de mis pasajes favoritos que está en el libro de Génesis. Recordará que cuando Abraham tenía setenta y cinco años de edad, comenzó a recibir promesas de Dios de que llegaría a ser el padre de una gran nación y que, en él, serían benditas todas las naciones del mundo. Esa era una estupenda noticia para un hombre anciano y su esposa estéril, Sara, que anhelaba ser madre.

Sin embargo, esas emocionantes promesas fueron seguidas por la continuada infertilidad de Sara y muchos años de silencio por parte de Dios. Lo que ella y

Abraham afrontaron en ese punto fue el clásico caso de "Dios que contradice a Dios". El Señor no había honrado su palabra ni había explicado su retraso. Los hechos no concordaban. Las piezas no encajaban. Sara había pasado la menopausia, poniendo fin efectivamente a su esperanza de la maternidad. Para entonces, ella y su esposo eran ancianos, y podemos suponer que su pasión sexual había disminuido. No había ninguna probabilidad realista de que fueran a tener un heredero.

La respuesta de Abraham en ese momento desalentador fue descrita casi dos mil años después en los escritos del apóstol Pablo. Estas son las palabras inspiradoras que él escribió:

> Y no se debilitó en la fe [Abraham] al considerar su cuerpo, que estaba ya como muerto (siendo de casi cien años, o la esterilidad de la matriz de Sara. Tampoco dudó, por incredulidad, de la promesa de Dios, sino que se fortaleció en fe, dando gloria a Dios, plenamente convencido de que era también poderoso para hacer todo lo que había prometido; por lo cual también su fe le fue contada por justicia. (Romanos 4:19-22)

En otras palabras, Abraham creyó a Dios incluso cuando no tenía sentido. Los hechos decían claramente: "Es imposible que esto suceda". El Señor había hecho "promesas vacías" durante casi veinticinco años, y seguía sin haber señal alguna de su cumplimiento. Preguntas sin respuestas y contradicciones inquietantes estaban en el aire. Sin embargo, Abraham "no se debilitó en la fe". ¿Por qué? Porque estaba convencido de que Dios podía superar la razón y la evidencia de los hechos. Y por eso se le llama "el padre de nuestra fe".

¿No es ese un maravilloso ejemplo de fe bajo fuego? Debería darnos valentía para retener nuestra confianza espiritual incluso cuando las piezas no encajen. Recordemos que con Dios, incluso cuando no está sucediendo nada, algo está sucediendo. Y si no vacilamos, algún día entenderemos, y "nos será contado por justicia" por nuestra fidelidad.

Manténganse de rodillas. ¡Y aférrense a su fe como un salvavidas! El Señor está obrando en las vidas de sus hijos, aunque ustedes no vean ninguna evidencia de ello en este momento.

P: Mi esposa y yo somos nuevos cristianos, y ahora entendemos que educamos a nuestros hijos según los principios equivocados. Ahora son adultos, pero seguimos preocupados por el pasado, y sentimos un gran lamento por nuestros fallos como padres. ¿Hay algo que podamos hacer a estas alturas?

R: Permítame primero hablar de la horrible culpabilidad que ustedes obviamente sienten. Apenas habrá un padre o una madre con vida que no tengan algún lamento y recuerdos dolorosos de sus fallos como madre o padre. Los niños son infinitamente complejos, y no podemos ser padres perfectos al igual que no podemos hacer seres humanos perfectos. Las presiones de la vida son con frecuencia enormes. Nos cansamos y nos irritamos; somos influenciados por nuestro cuerpo físico y nuestras emociones, las cuales a veces evitan que digamos lo correcto y que seamos los modelos que deberíamos ser. No siempre manejamos a nuestros hijos con toda la imparcialidad que nos gustaría tener, y es muy común echar la vista atrás un año o dos después y ver lo equivocados que estábamos en el modo en que enfocamos un problema.

¡Todos experimentamos esos fracasos! ¡Nadie hace la tarea perfectamente! Por eso cada uno de nosotros debería estar a solas con Dios y decir:

"Señor, tú conoces mis incapacidades. Tú conoces mis debilidades, no sólo en la educación de los hijos, sino en cada área de mi vida. Hice lo mejor que pude, pero no fue lo bastante bueno. Al igual que tú partiste los panes y los peces para alimentar a los cinco mil, toma ahora mi escaso esfuerzo y úsalo para bendecir a mi familia. Compensa las cosas que yo hice erróneamente. Satisface las necesidades que yo no he satisfecho. Abraza con tus brazos a mis hijos, y mantenlos cerca de ti. Y permanece a su lado cuando ellos estén en grandes encrucijadas entre el bien y el mal. Lo único que yo puedo dar es lo mejor de mí, y he hecho eso; por tanto, te entrego a mis hijos y a mí mismo, y la tarea que hice como padre. El resultado ahora te pertenece a ti".

Sé que el Padre honrará esa oración, incluso para los padres cuya tarea ha terminado. El Señor no quiere que sufran de culpabilidad por acontecimientos sobre los que ya no tienen ninguna influencia. El pasado es el pasado y hay que dejarlo morir, para no volver a resucitarlo. Entregue la situación a Dios, y deje que Él se ocupe. ¡Creo que se sorprenderán al saber que ya no está solos!

Olvidando ciertamente lo que queda atrás, y extendiéndome a lo que está delante, prosigo a la meta, al premio del supremo llamamiento de Dios en Cristo Jesús.

Filipenses 3:13-14

P: Soy una abuela que tiene la bendición de tener catorce nietos. Con frecuencia me ocupo de ellos, y me encanta tenerlos. Sin embargo, me gustaría hacer más por ellos que tan sólo cuidarles. ¿Qué puedo hacer para realmente causar influencia en sus vidas?

R: Sobre todo, esperaría que usted ayudase a conducir a sus nietos hasta Jesucristo. Está en una maravillosa posición para hacer eso. Mi abuela tuvo una profunda influencia en mi desarrollo espiritual, e incluso mayor en mis primeros años que mi padre, que era ministro. Ella hablaba del Señor cada día, y hacía que pareciese un amigo muy querido que vivía en nuestra casa. Nunca olvidaré las conversaciones que teníamos sobre el cielo y lo maravilloso que sería vivir allí por toda la eternidad. Esa señora está ahora al otro lado, esperando que el resto de la familia se sume a ella en esa hermosa ciudad.

Usted también puede tener ese tipo de influencia en su familia. A los abuelos se les ha dado una potente influencia sobre sus nietos si toman el tiempo para invertir en sus vidas. Hay mucho que se puede lograr mientras ellos son pequeños. Otra de las grandes contribuciones que puede usted hacer es preservar la herencia de su familia describiendo su historia a los niños y haciendo que se familiaricen con sus ancestros.

La letra de una canción popular africana dice que cuando una persona anciana muere, es como si una biblioteca hubiera sido quemada. Es cierto. Hay una riqueza de historia en su memoria de tiempos anteriores que quedará perdida si no es transmitida a la siguiente generación.

Para preservar esa herencia, debería contarles historias verdaderas de días pasados. Hable acerca de su fe, acerca de sus primeras experiencias como familia, acerca de los obstáculos que vencieron o de los fracasos que experimentaron. Esos recuerdos unen a la familia y le dan un sentimiento de identidad.

Las historias de su pasado, de su niñez, de su noviazgo con su abuelo, etc., pueden ser tesoros para sus nietos. A menos que usted comparta con ellos esas experiencias, esa parte de su historia quedará perdida para siempre. Tome tiempo para hacer que el ayer cobre vida para los niños que hay en su familia, y por todos los medios, transmita su fe a la siguiente generación.

Finalmente, estas dos últimas preguntas hablan de violencia y su efecto sobre los niños.

P: Dr. Dobson, estoy muy preocupada por mis hijos, que tienen seis y siete años, después de la horrible matanza en Newtown, Conneticut. Ellos no conocen los detalles, pero han oído en la escuela que sucedió "algo horrible" a muchos niños y niñas. Están preguntando acerca de ello, y no sé qué decirles. ¿Cómo debería manejar esta trágica situación?

R: La masacre de niños que asombró a todo el país está casi por encima de toda comprensión. Padres en todas partes se duelen e intentan decidir cómo responder a las preguntas sin respuesta de sus hijos. Quizá estas sugerencias serán útiles.

Creo que es importante decirles a los niños pequeños que hay algunas personas muy malas en el mundo que hacen cosas dolorosas a otras personas. A veces, los niños y las niñas son quienes resultan heridos. Eso es lo que sucedió en Newtown, Connecticut. Yo no les diría que hubo niños muertos, o asesinados, o que algo impensable sucedió en una escuela. No lo exprese de manera que les haga sentir aterrados. Pero ellos sí necesitan respuestas.

En este punto, tendrá que caminar por un sendero muy estrecho. Por un lado, querrá enseñarles a mantenerse alejados de los desconocidos y a que hablen con usted si alguna cosa les da miedo. Por otro lado, no puede permitirse hacerles sentir que el mundo va tras ellos y que están en constante peligro. Querrá que ellos sean cautos sin tener miedo a todos los adultos.

Todo depende de la postura que usted tenga. Si está ansioso y temeroso, ellos también lo estarán. Los niños imitan lo que hacen sus padres. Intente hablar del tema sin demostrar que está usted demasiado molesto. No llore ni haga pensar a sus hijos que no es capaz de protegerlos. Su seguridad está en manos de usted. Ellos también necesitan saber que la crisis ha terminado.

Dígales: "Llegó la policía para atrapar al hombre malo, y jamás volverá a hacer daño a nadie". Asegure a sus hijos su amor y recuérdeles que Dios les dio mamás y papás para protegerlos, y que usted se ocupa de ellos cada hora de cada día, y que por eso a veces tiene que decir no a lo que ellos piden.

Si usted tiene una fe fuerte, creo que debería entonces acudir a Jesús. Dígales que Él cuida de cada uno de nosotros y que nos escuchará cuando le pidamos protección. Él conoce nuestros nombres y está con nosotros en todo momento. La Biblia también nos dice que Él ama especialmente a los niños.

Mi nieto de seis años, Lincoln, ha estado teniendo algunos malos sueños con monstruos. Se ha estado despertando con llanto en la noche. Cuando le habló de ello a su papá hace dos semanas, Ryan comenzó a leer el Salmo 91 con él cada noche antes de irse a dormir. Este es un pasaje muy consolador, y Lincoln ha tenido muy pocas pesadillas desde que comenzaron a leerlo.

He parafraseado el Salmo 91 a continuación. Quizá quiera usted usarlo, o cualquier otra versión.

Quienes se sientan en la presencia de Dios pasarán la noche bajo su sombra. Él es mi protección. ¡Confío en Él y estoy seguro! Él me rescata de las trampas escondidas, y me protege de todo peligro. Sus grandes brazos me abrazan; bajo ellos estoy perfectamente seguro; sus brazos me protegen del daño. No tengo miedo a nada, ni siquiera a los animales salvajes en la noche.

Las personas malas que intentan asustarme serán alejadas. El mal ni siquiera puede acercarse a mí. No puede entrar por la puerta. Dios ordenó a sus ángeles que me guarden dondequiera que yo vaya. Si tropiezo, ellos me agarrarán; su tarea es guardarme de caer. Caminaré sin sufrir daño entre leones y serpientes, y les daré una patada para apartarlos de mi camino. "Si me agarro a Dios", dice Él, "saldré de cualquier problema. Yo te daré lo mejor de mi cuidado si llegas a conocerme y confiar en mí".

Llámame y yo responderé. Estaré a tu lado en los momentos malos. Yo te rescataré y te daré una larga vida, ¡y te daré un largo trago de salvación!

Me he tomado ciertas libertades aquí con la Escritura, pero creo que he sido fiel al contexto. Después de haber leído este salmo, sugiero que oren juntos y den gracias a Jesús por amarnos y cuidar de nosotros. También den gracias por los ángeles que están en guardia sobre nosotros mientras dormimos. Y den gracias por las mamás y los papás que también aman y se ocupan de sus hijos. Pidan a Jesús que nos ayude a confiar más en Él. Finalmente, en noches alternas, lean o citen el Padre Nuestro con sus hijos.

Cada circunstancia es diferente, y las palabras sugeridas aquí varían con la edad, madurez y seguridad de cada niño. Lo que yo he escrito estaba pensado para niños de primaria, y es solamente una guía que se puede modificar para acomodarse a las necesidades de un muchacho o muchacha concretos.

Espero que esto sea útil. Qué lástima que tengamos que tratar tragedias como esta, pero me temo que es el mundo en el que vivimos.

P: ¿Qué cree usted que hizo que el asesino en Newtown hiciera cosas tan impensables?

R: No estoy familiarizado con los detalles de esta masacre, pero puedo hablar de la cuestión de manera general. América se ha convertido en un lugar peligroso parcialmente debido a la violencia que toleramos. Incluso los niños pequeños crecen hoy en día jugando a juegos de video violentos y viendo televisión por cable que es poco sana, películas de Hollywood, la MTV, y muchas otras descripciones o dramatizaciones de asesinatos, violaciones, consumo de drogas, etcétera. Los niños están expuestos a estas influencias desde temprana edad. Millones de ellos regresan a casa de la escuela para encontrarse con hogares vacíos cada tarde y ver cosas poco recomendables que nunca deberían ser vistas por niños.

Los productores y publicistas del entretenimiento violento han insistido durante décadas en que los niños no sufren daño por la violencia dramatizada. Desde luego que están equivocados. ¿Por qué gastarían los anunciantes miles de millones de dólares para llevar sus productos delante del público, incluyendo los niños? Es porque lo que vemos y oímos influencia nuestro comportamiento y quiénes somos. Un rápido vistazo de Reese's Pieces en la película *E.T.* envió a niños de América rápidamente a comprar el caramelo. Qué ridículo pensar que una dieta regular de muerte y tortura a víctimas inocentes no influenciará la moralidad y el carácter de los niños de la nación. Ellos tienen una manera de crecer, tal como sabemos, y los ciudadanos comunes pagan un elevado precio por lo que hemos hecho a nuestros inocentes pequeños.

Existe otra dimensión que deberíamos notar. La violencia en la edad adulta con frecuencia está relacionada con otras maneras en que los niños han sido influenciados y heridos. Niños y niñas que sufrieron abusos sexuales y verbales o fueron horriblemente descuidados cuando eran pequeños con frecuencia son adultos enojados y violentos. Ese es el resultado de prodigiosas cantidades de la hormona del estrés cortisol. Inunda el cerebro durante momentos de mucho dolor o temor, y causa un daño irreversible en partes del cerebro. Una de las consecuencias de este daño es una incapacidad de los adolescentes y los jóvenes adultos de "sentir" por otros. Muchos de ellos pueden matar sin ninguna respuesta emocional a lo que están haciendo. No tienen conciencia.

Millones de dólares que se han invertido en investigación de la conducta para entender este fenómeno. Una de las consecuencias del terror infantil y el dolor emocional es la creación de violentos psicópatas. Muchos de esos individuos no recibieron cuidados cuando eran bebés, y ahora causan estragos en víctimas inocentes. Podemos hacer una mejor tarea con los niños que tenemos a nuestro cuidado.

CAPÍTULO 13

El significado más profundo del legado

Llegamos ahora a la esencia de mi mensaje, que nos lleva de regreso al significado de *Legado*. Esta palabra tiene varias definiciones, pero la más básica entre ellas se refiere a "una herencia". Es lo que esperamos dejar a nuestros benefactores. Cada adulto debería estar pensando en lo que él o ella transmitirá, porque todos sabemos: "No podrás llevarlo contigo". Alguien preguntó a los amigos de un hombre muy rico que había muerto: "¿Cuánto dinero dejó atrás Ralph?". La respuesta, desde luego, es: "Todo el que tenía". Job dijo: "Desnudo salí del vientre de mi madre, y desnudo partiré". Ese pensamiento es un poco deprimente, ¿verdad? Sin embargo, nos confronta a todos nosotros.

Una popular pegatina para automóviles dice: "Quien muere con más juguetes, gana". Es una mentira. Debería decir: "Quien muere con más juguetes, muere de todos modos". Espero que esté de acuerdo en que toda una vida invertida en la acumulación de posesiones terrenales habrá sido desperdiciada si esa resulta ser su principal razón para vivir. Al final de todo, eso no importará.

Por tanto, permítame preguntarle directamente: ¿Ha decidido qué bienes dejará a las personas que ama? ¿Es dinero, o fama, o propiedades, oro, o diamantes, o un yate, o valiosas obras de arte, o acciones en Bolsa, o inversiones, u otros aspectos de riqueza? ¿Ha trabajado febrilmente durante décadas para ganar cosas para quienes no se han ganado lo que usted les dará? ¿Quiere quitar todos los desafíos y lecciones que de otro modo les habrían ayudado a tener éxito? ¿Cuál será el efecto neto de sus regalos económicos en años venideros?

Es una pregunta discutible para la mayoría de personas, porque nunca podrán dejar grandes propiedades a sus hijos y nietos. Tan sólo seguir adelante ha sido una batalla, especialmente con esta economía. Sin embargo, si los padres tienen importantes bienes que dejar, la investigación indica que dar abundantemente a sus hijos es un negocio arriesgado, aunque muy pocas personas parecen creerlo.

Tengo en mi biblioteca un libro titulado *Rich Kids* [Niños ricos],[1] del sociólogo John Sedgwick. Él habla de un estudio sociológico de jóvenes que heredan grandes propiedades. Los resultados son asombrosos, y no son buenos. Los casos estudiados presentados indican que quienes llegan a la riqueza con frecuencia caen presa de muchas tentaciones. Tienen mayor probabilidad de llegar a ser alcohólicos, mujeriegos, jugadores o, en el mejor de los casos, personas ensimismadas y egoístas. Las mismas características que hicieron que sus padres y abuelos fuesen exitosos, trabajasen duro, hicieran sabias inversiones y una cuidada planificación, son con frecuencia disminuidas en la siguiente generación. Esto no siempre sucede así, desde luego, pero ciertamente puede suceder.

La historia humana también confirma la peligrosa influencia del dinero. Hombres y mujeres lo han deseado, han matado por él, han muerto por él y han ido al infierno por él. El dinero se ha interpuesto entre los mejores amigos y ha derribado a los orgullosos y los poderosos. Incluso más importante es lo que las riquezas pueden hacer a las relaciones entre esposos y esposas. Si el dinero es heredado por una mujer, por ejemplo, su esposo puede perder su motivación para proveer y cuidar de ella. El no le necesita a él como lo hacía cuando se casaron. Puede que no esté de acuerdo con esto, pero puedo decirle como psicólogo que es cierto. La masculinidad del hombre puede verse asaltada por volverse innecesario en el hogar.

Shirley y yo hemos estado casados durante cincuenta y cuatro años, y una de mis mayores satisfacciones en la vida ha sido el privilegio de cuidar, sostener y "estar ahí" para esta mujer desde que éramos jóvenes. Disfruto de su dependencia de mí y también soy dependiente de ella de maneras diferentes pero importantes. Una razón de que nuestro vínculo haya sido tan fuerte es porque nos necesitamos el uno al otro emocionalmente, físicamente y espiritualmente. Recuerde la popular canción cuya letra proclama: "Las personas que necesitan a personas son las personas más afortunadas del mundo".[2] Yo soy quien ha sido bendecido por tener a una buena mujer con la que ir por la vida.

También he observado que nada dividirá a los hermanos y hará que se peleen tan rápidamente como una llegada repentina de dinero. Darles una gran herencia aumenta la probabilidad de tensión y falta de armonía en una familia. Hijos e hijas con frecuencia se pelean como perros y gatos por controlar negocios, y se resentirán contra aquellos que son designados como quienes toman decisiones. Y que el cielo ayude a la familia política que es situada en posiciones de liderazgo. Los monstruos de ojos verdes de los celos y el resentimiento acechan entre las sombras, amenazando siempre con destruir la más cercana de las relaciones.

La primatóloga inglesa Jane Goodall produjo un video hace algunos años que documentaba características de conducta de los chimpancés. El grupo vivía en relativa armonía la mayor parte del tiempo. Se juntaban para acicalarse el uno al otro y para observar a sus crías. Entonces los investigadores dejaban un gran montón de bananas en la zona. Era como echar un fósforo a la gasolina. Los chimpancés instantáneamente se volvían violentos al pelearse por llegar hasta la fruta. Mordían y gritaban a quienes estaban cerca del centro del montón. Era todo un espectáculo. Un gran macho se metió cuatro bananas en la boca en un lado, distorsionando su cara. Entonces se fue corriendo y llevándose otras doce. Fue seguido por otros tres machos que intentaban arrebatarle las bananas de sus manos. Claramente, la abundancia de fruta había convertido a los pacíficos chimpancés en guerreros.[3]

Siempre es problemático aplicar los resultados de la investigación en animales a los humanos, pero hay similitudes entre los chimpancés y las personas en esta ocasión. Lo que los chimpancés mostraban tiene un nombre. Se llama codicia, y todos lo hemos experimentado. Esta emoción puede convertir a personas agradables en aquellas a las que odiamos. Las Escrituras condenan esta conducta. Ciertamente, uno de los Diez Mandamientos es: "No codiciarás…".

Esta es otra pregunta que debería considerar: Como padre, ¿realmente quiere lanzar una gran cesta de bananas en medio de su pacífica familia?

Sé que mis perspectivas sobre este tema son poco convencionales, y muchos de mis lectores no estarán de acuerdo con ellas. Entiendo su sentimiento. Una de las razones por las que las personas trabajan tanto es para que sus hijos no tengan que hacerlo. Aman tanto a sus hijos que quieren hacer que las cosas sean más fáciles para ellos. Aún así, dar en abundancia a quienes no se han sacrificado ni han luchado para llegar a un logro debería hacerse con el mayor de los cuidados, premeditación y oración.

Permítame ser claro. No estoy criticando a quienes han sido bendecidos con una importante riqueza, ni tampoco la Escritura los condena. Abraham, Lot, David, Salomón y Booz tuvieron todos enormes riquezas en su tiempo. Sin embargo, hay pautas bíblicas que hay que seguir. Se ha citado al apóstol Pablo diciendo que el dinero es la raíz de toda maldad. Eso no es cierto. Lo que él realmente escribió que es esto: "porque raíz de todos los males es el amor al dinero, el cual codiciando algunos, se extraviaron de la fe, y fueron traspasados de muchos dolores" (1 Timoteo 6:10).

Aquí está el quid de la cuestión: dinero es poder, y el poder es inherentemente corrupto. Lord Acton dijo: "El poder corrompe, y el poder absoluto corrompe absolutamente".[4] Esa es una de las observaciones más astutas de la naturaleza humana jamás declarada. Quienes ponen sus manos en el poder, especialmente cuando son jóvenes e inmaduros, a veces son destruidos por él.

Jesús habló más sobre dinero que sobre ningún otro tema, y la mayoría de sus enseñanzas llegaron en forma de advertencias. Le dijo a un joven rico que vendiese todo lo que tenía y lo diese a los pobres. ¿Por qué fue Él tan demandante con este hombre que estaba buscando la verdad? Se debió a que Jesús percibía que el dinero era el dios de ese joven. Lo valoraba incluso más que la vida eterna, y él se alejó de Jesús muy triste (véase Lucas 18: 22-23).

Esto sonará duro, pero es lo que yo creo que es cierto. Si usted maneja mal la transferencia de riqueza a individuos inmaduros que no saben cómo manejarlo, corre el riesgo de condenarlos eternamente. Ya sea que dé grandes fondos o pequeños regalos, realmente debería enseñarles a usar esos recursos sabiamente mientras pueda. La obra del Señor normalmente tiene pocos fondos, y nuestra obligación es dar sacrificialmente a programas que alimenten a los pobres, cuiden de los huérfanos, enseñen a nuestros estudiantes, patrocinen nuestras iglesias y ministerios, y difundan el evangelio de Jesucristo. Dar dinero abundantemente a quienes no saben cómo compartir sus posesiones es siempre un error.

Permítame regresar al tema central de este libro. El legado del cual escribo no se trata de dinero. De hecho, es casi irrelevante para la premisa central. La mayor posesión para sus hijos y nietos no puede ser depositada en un banco. No puede ser vendida, ni intercambiada ni tomada prestada. Es una herencia inconmovible de fe. Es el único regalo que soportará la prueba del tiempo. Todo lo demás con el tiempo se desvanecerá. Solamente al introducir a sus hijos e hijas a Jesucristo les ayudará a asegurar la vida eterna. ¿Cómo se logra eso? Comenzando temprano y siendo intencional acerca de la formación espiritual de sus hijos. No sucederá si se deja al azar. Como hemos visto, también necesita orar "sin cesar" por sus seres queridos (1 Tesalonicenses 5:17). Los apéndices de este libro proporcionan información práctica acerca de manejar este gran desafío de la vida.

Lo dije antes, pero vale la pena repetirlo. El ejemplo es la mejor herramienta evangelística que tiene usted como joven madre y padre. Puede que no haya vivido el tiempo suficiente para saber que los niños y las niñas están observando cada uno de sus movimientos. A su tiempo, ellos comprenderán lo que más le importa a usted y lo que, en lo profundo de su ser, a usted realmente no le importa. Sus maneras, sus peculiaridades, su enojo, sus placeres, su lenguaje, y sus "juguetes" serán incorporados a la propia manera de pensar que ellos tienen. Lo que usted dice es importante, pero lo que hace es infinitamente más poderoso. Si usted dice que Jesús es Señor de su vida, pero no tiene tiempo para un devocional como familia a la vez que juega al golf cuatro horas todos los sábados, la contradicción será observada.

Regresaré a mi piadoso padre para ilustrar el modo en que él me transmitió sus creencias. Durante la mayor parte de mi niñez, él era un evangelista. No era un hombre perfecto, sin duda, y ni siquiera estaba en casa gran parte del tiempo. Viajaba de cuatro a seis semanas en cada viaje, dejando atrás a la esposa que amaba y necesitaba, porque él sabía que yo la necesitaba más. No puedo describir plenamente el costo de ese sacrificio para él. Sin embargo, cuando mi padre regresaba, era nuestro, y algunos de mis días más felices los pasamos de caza y de pesca, jugando al tenis y construyendo cosas con mi papá que medía más de 1,90 metros.

Aun así, la mayor contribución de este hombre a mi vida no estuvo representada por lo que hizo por mí o conmigo; más bien fue la coherencia de su testimonio cristiano. ¡Eso causó el impacto más importante en mí! Él intentaba poner cada área de su ser en armonía con las Escrituras que tanto amaba. Allí en su hogar, donde las faltas y los errores eran imposibles de ocultar, ni una sola vez le vi haciendo concesiones de modo deliberado con los principios en los que creía. Jesucristo significaba más para el que la vida misma.

Hemos estado hablando de dinero. Así es como papá sentía acerca del dinero. Durante los años de la guerra cuando faltaba de todo, él conducía cientos de kilómetros en un viejo auto para visitar una iglesia que le había llamado a predicar. Normalmente eran congregaciones pequeñas, especialmente en los primeros años. Los gastos de viaje eran elevados, y la "ofrenda" que se daba a los evangelistas por lo general era lamentable. Para reducir costos, él normalmente se quedaba en hogares de pastores durante los diez días de reuniones. Era difícil, pero estar allí le daba un vistazo de primera mano de las necesidades económicas de los ministros y sus familias. En más de una ocasión recuerdo que mi papá regresaba a casa después de uno de esos viajes y nos saludaba a mi mamá y a mí con cálidos abrazos. Tarde o temprano, mamá llegaba a hacer la gran pregunta: "¿Cuánto te pagaron?".

Él sonreía tímidamente y decía. "Bueno...mm".

Entonces ella decía: "Ya lo sé. Lo entregaste otra vez, ¿verdad?".

Papá respondía: "Sí, cariño, sentía que debía hacerlo. Mira, ese pastor tiene cuatro hijos, y sus zapatos tienen agujeros en las suelas. La hija mayor ni siquiera tiene un abrigo de invierno para llevar a la escuela, y no podía dejarlos allí sin ayudarles. Así que levanté una 'ofrenda de amor' para la familia del pastor la última noche de domingo y también contribuí con el dinero que me dieron".

Mamá sabía lo que eso significaba. Las facturas llegarían en su momento sin tener el dinero para pagarlas. Sin embargo, para mérito de ella, siempre sonreía y decía: "Si eso es lo que Dios te pidió que hicieras, entonces sabes que por mí está bien".

Entonces sucedía lo inevitable. Unos días después, se agotaba nuestro dinero. Aún puedo recordar a papá pidiéndonos a mamá y a mí que nos sumásemos a él en el dormitorio donde nos arrodillábamos en oración. Él siempre oraba en primer lugar.

> "Querido Señor, venimos ante ti hoy con un pequeño problema que tú ya conoces. Se refiere a nuestra falta de dinero. Tú nos dijiste que si éramos fieles a ti en nuestros buenos tiempos, entonces tú estarías a nuestro lado en nuestro momento de dificultad. Hemos intentado obedecerte y compartir nuestros recursos con otros; ahora mi pequeña familia es la que tiene necesidad. Te pedimos que nos ayudes especialmente en este momento".

Yo tenía solamente nueve años, pero escuchaba atentamente a lo que mi padre le decía a Dios en esos momentos. También puede estar seguro de que yo estaba esperando para ver lo que el Señor haría en respuesta, y nunca quedé defraudado. Le digo sinceramente que siempre llegaba dinero de fuentes inesperadas a tiempo para suplir nuestra necesidad. En una ocasión que sigue estando claramente en mi memoria, llegó un cheque de 1.200 dólares en el correo el día después de la oración de nuestra humilde familia. Mi fe creció a pasos agigantados cuando veía a mis padres practicar los principios bíblicos sobre los cuales sus vidas estaban fundamentadas.

También es cierto que mi madre y mi padre no pudieron acumular una reserva durante sus años de trabajo, y yo estaba preocupado por ellos a medida que iban envejeciendo. Me preocupaba por cómo podrían pagar gastos médicos y obligaciones relacionadas en sus años de jubilación. Creo que a mi madre también le preocupaba eso. Las mujeres tienden a asustarse por cosas como esa.

Un día mucho después de que yo ya fuese un hombre,

mis padres tenían planeado salir a cenar con unos amigos. Como siempre, papá fue el primero en estar preparado. Estaba tumbado sobre la cama mientras mamá se cepillaba el cabello. Cuando ella se giró para mirarle, notó que tenía lágrimas en sus ojos.

"¿Qué sucede?", le preguntó.

Él dudó, y entonces dijo: "El Señor acaba de hablarme".

"¿Quieres hablarme de ello?", le preguntó ella.

"Me dijo algo sobre ti", dijo mi padre.

"¡Entonces será mejor que me lo digas!", insistió mamá.

"Bien, tan sólo estaba aquí tumbado pensando", dijo él. "Ni siquiera estaba orando, pero el Señor me prometió que Él iba a cuidar de ti".

Ellos se preguntaron lo que podría haber significado aquella extraña revelación, y después siguieron con sus planes para la noche. En mi última conversación telefónica con mi papá, él me contó esta historia. Cinco días después, mi padre sufrió un ataque al corazón del cual nunca se recuperó.

Al ser hijo único, yo era responsable de los asuntos económicos de mi madre después del fallecimiento de mi padre. Me alarmó que después de la venta de su casa y de liquidar un par de pequeños seguros de vida, ella tenía solamente 46 mil dólares para el futuro. La denominación en la que mi padre había servido durante cuarenta y dos años no ofrecía casi nada en forma de beneficio de jubilación para sus ministros ancianos. La iglesia tenía millones de dólares en su fondo de benevolencia para predicadores, pero el liderazgo le asignó a mi madre la irrisoria cantidad de 58 dólares al mes, apenas lo suficiente para poner gasolina en su auto. Otros hombres que eran pastores de iglesias pequeñas y que ni siquiera podían hacer pagos a la Seguridad Social tenían muchas presiones para poder sobrevivir. Era espantoso. Si yo no hubiera sido capaz de ayudar a sostener a mamá económicamente, ella podría haberse tenido que quedar en instalaciones del condado durante el resto de su vida.

Pasaron seis años, y mamá enfermó de Parkinson. Estaba hospitalizada permanentemente. Su estado empeoró, y requería cada vez más cuidados, hasta llegar finalmente a necesitar una supervisión especializada las veinticuatro horas del día. Incluso a finales de la década de 1980, los gastos tenían un exceso de 50 mil dólares al año. Esta es la parte milagrosa de la historia: justo en su momento, el valor del stock de Coca-Cola que papá había heredado de su padre casi cincuenta años antes comenzó a aumentar en valor. Mamá vivió cinco años más antes de morir en 1988, y si lo cree, yo nunca le di ni un centavo porque ella no lo necesitaba. El Señor cumplió su promesa, y cuidó de Myrtle Dobson hasta el día en que la llamó a su presencia.

A propósito, legar dinero a los descendientes no tiene que ser algo negativo. Todo depende de la necesidad y de los preparativos realizados para eso.

Yo había observado la vida y los momentos de mis padres a medida que pasaban los años a través de mis jóvenes ojos. La fe que aprendí en sus rodillas sigue siendo vibrante, y vive hoy día en los corazones y las mentes de nuestros hijos adultos. ¡Dios es fiel! Y Él cumple su palabra.

No puedo concluir este libro sin compartir un pasaje de la Escritura que pone en perspectiva toda nuestra discusión. Se narra en 1 Crónicas 28, cuando el rey David había envejecido y sabía que iba a morir. Convocó a sus oficiales, líderes militares, gerentes de negocios, y "hombres poderosos" para que escuchasen sus últimas palabras. En la asamblea aquel día estaba su hijo Salomón, a quien Dios había escogido para suceder a David como rey. Entonces se produjo una conversación muy conmovedora e histórica entre el moribundo monarca y su joven heredero.

El consejo que David dio aquel día tuvo una gran importancia, no solamente para Salomón sino también para usted y yo. Una persona no desperdicia palabras cuando el ángel de la muerte se acerca. Imaginemos la escena, entonces, cuando el anciano ofrece sus últimos pensamientos a su querido hijo, quien continuaría con su legado. Esto fue lo que David dijo, probablemente con un fuerte sentimiento y voz temblorosa:

> Y tú, Salomón, hijo mío, reconoce al Dios de tu padre, y sírvele con corazón perfecto y con ánimo voluntario; porque Jehová escudriña los corazones de todos, y entiende todo intento de los pensamientos. Si tú le buscares, lo hallarás; mas si lo dejares, él te desechará para siempre. (1 Crónicas 28:9)

Toda una vida de sabiduría estaba concentrada en esa breve afirmación del piadoso rey. Notemos primero que David aconsejó a Salomón que "conociera" a Dios. No le dijo: "Conoce *sobre* Dios". Yo conozco sobre Abraham Lincoln, pero nunca le he conocido. David quería que Salomón estuviera familiarizado personalmente con el Dios de Abraham, de Jacob y de Isaac, a quien él había intentado servir con una mente dispuesta.

Es también mi mejor consejo para usted cuando concluimos estos pensamientos acerca de *Su legado*. Aconseje a sus hijos e hijas, por encima de todo lo demás, que lleguen a conocer a Dios y busquen su voluntad para sus vidas. Si hacen de eso su prioridad, le *encontrarán*. Jesucristo les guiará. Él les bendecirá. ¡Qué maravillosa promesa! Pero es condicional. Si ellos le dan la espalda al Señor, Él los desechará para siempre. Usted les debe a sus hijos hacer hincapié también en esa advertencia tan seria.

—⁓—

Como conclusión, vuelvo a preguntar a los padres: ¿cuál será su legado para aquellos a quienes ama? ¿Les ayudará a edificar un fundamento de fe que los sostendrá en las pruebas de la vida y los llevará al mundo mejor que está más allá? ¿Estarán ellos allí para dar la bienvenida a usted y al resto de su familia y amigos cristianos en el otro lado? Esa es mi oración por usted.

Llega un día de celebración como no se ha producido jamás en la historia de la humanidad. El huésped de honor esa mañana será Aquel que lleva un manto sin costura, con ojos como llamas de fuego y pies como bronce fino. Cuando nos inclinemos humildemente delante de Él, oiremos una gran voz del cielo diciendo:

> He aquí el tabernáculo de Dios con los hombres, y él morará con ellos; y ellos serán su pueblo, y Dios mismo estará con ellos como su Dios. Enjugará Dios toda lágrima de los ojos de ellos; y ya no habrá muerte, ni habrá más llanto, ni clamor, ni dolor; porque las primeras cosas pasaron. (Apocalipsis 21:3-4)

Y de nuevo, la potente voz resonará por los corredores del tiempo:

> Ya no tendrán hambre ni sed, y el sol no caerá más sobre ellos, ni calor alguno; porque el Cordero que está en medio del trono los pastoreará, y los guiará

a fuentes de aguas de vida; y Dios enjugará toda lágrima de los ojos de ellos. (Apocalipsis 7:16-17)

Esta es la esperanza de los siglos que arde en mi pecho. Es la respuesta definitiva a todos aquellos que sufren y batallan hoy día. Es el único consuelo para quienes han dicho adiós a un ser querido. Aunque el dolor es indescriptible ahora, nunca debemos olvidar que nuestra separación es temporal. Si nuestros hijos y seres queridos han entregado sus corazones al Señor, nos reuniremos para siempre en esa alegre mañana de resurrección. Tal como promete la Escritura, ¡nuestras lágrimas desaparecerán para siempre!

Yo conoceré por primera vez a mi tatarabuelo, George Washington McCluskey, y veré a mi tatarabuela, Nanny. Mamita y Papito también estarán allí, al lado de Robert Dobson y mamá. El padrastro de Shirley y su madre, Joe y Alma, estarán allí. Mi padre y mi madre también estarán allí. Mi papá se estará esforzando por tener un vistazo de nuestra llegada, al igual que él y mamá hacían tantas Navidades cuando Shirley y yo volábamos con nuestros hijos hasta el aeropuerto de Kansas City. Ellos tendrán tanto que contarnos que estarán rebosantes de emoción. Mamá con frecuencia se quejaba de que papá querría apresurarme a ir a algún planeta distante que hubiera descubierto mientras exploraba el universo. Sus hijos y seres queridos que murieron en Cristo también estarán en ese gran grupo, cantando y gritando las alabanzas del Redentor. ¡Qué celebración será!

Esa es la recompensa para los fieles. Esta es la corona de justicia preparada para quienes han peleado una buena batalla, han terminado la carrera y han guardado la fe (2 Timoteo 4:7-8). En los días que nos queden en esta vida, por tanto, permita que le inste a no ser desalentado por los afanes temporales. Acepte las circunstancias tal como lleguen. Dé la mayor prioridad a la formación espiritual de sus hijos e hijas. Ellos se merecen lo mejor de usted.

Me despediré con un pequeño poema que me ha encantado durante muchos años. Fue escrito por Florence Jones Hadley, quien habría entendido lo que he escrito.

¿Están todos los niños dentro?

Pienso a veces cuando la noche se acerca
En una vieja casa en la pradera,
Y en un patio ancho y de flores repleto
Donde los niños comparten sus juegos.
Y cuando la noche al final llegó
Silenciando la diversión
Mamá preguntaba, mirando alrededor:
"¿Están todos los niños dentro?"

Oh, muchos, muchos años han pasado desde entonces
Y la vieja casa en la pradera
Ya no resuena con pisadas de niños
Y el patio está muy, muy tranquilo.

Pero yo lo veo todo, cuando llegan las sombras
Y aunque muchos años hayan pasado,
Puedo aún oír preguntar a mi madre:
"¿Están todos los niños dentro?"

Me pregunto si cuando caigan las sombras
En nuestro último día en la tierra
Cuando digamos adiós al mundo,
Cansados todos de nuestros infantiles juegos,
Cuando pasemos a la otra tierra
Donde mamá ha estado por tanto tiempo,
La oiré preguntar, como antaño,
"¿Están todos los niños dentro?"[5]

Las últimas palabras: dé a sus hijos y a sus seres queridos un mensaje sencillo pero a la vez profundo a medida que se prepara para entrar al siguiente mundo: "¡HAS DE ESTAR AHÍ!". Si logra ese propósito, será su mayor legado.

APÉNDICES

Muchos padres han pedido alguna ayuda muy práctica con la formación espiritual de sus hijos. He recurrido a dos expertos, Robert y Bobbie Wolgemuth, que han trabajado extensamente con niños y niñas. Bobby especialmente es una "gurú" con los pequeños, y tiene una maravillosa voz para cantar. En su libro, How to Lead Your Child to Christ [Cómo conducir a su hijo a Cristo],[1] *Robert y Bobbie crearon algunas ideas, historias y explicaciones para ayudar a mamás y papás a enseñar conceptos cristianos básicos en el hogar. He incluido algunos de ellos en los dos apéndices que siguen. Agradezco la amable ayuda de Robert y Bobbie en este proyecto.*

APÉNDICE 1

Estrategias para dejar su legado

Los estudios muestran que la gran mayoría de personas que aceptan a Jesús como su Señor y Salvador lo hacen cuando son niños. Por tanto, crear un clima espiritual en su hogar que pueda ayudar a nutrir la fe de sus hijos es su tarea más importante. A continuación hay algunas estrategias que pueden ayudar a asegurar que su hijo esté preparado para aceptar el regalo de la gracia de Dios cuando el momento sea el correcto.

Biblias para todos

Si no lo ha hecho ya, considere comprar una Biblia para cada uno en su familia, incluidos los niños más pequeños.

En la noche, antes de meter en la cama a sus hijos, lea pasajes de la Biblia *de ellos*. Si son lo bastante mayores, aliéntelos a que ellos mismos lean.

Dios promete que su Palabra proporcionará toda una vida de luz para los caminos de sus hijos...una cura para su lucha durante toda la vida con el pecado.

> ¿Con qué limpiará el joven su camino?
> *Con guardar tu palabra.*
> *Con todo mi corazón te he buscado;*
> *No me dejes desviarme de tus mandamientos.*

En mi corazón he guardado tus dichos,
Para no pecar contra ti…
Lámpara es a mis pies tu palabra, y lumbrera a
mi camino. (Salmos 119:9-11, 105)

El camino de la obediencia está pavimentado con la Palabra de Dios.

Memorizar la Escritura

Una manera de ayudar a transmitir su legado espiritual a sus hijos es ayudarles a memorizar importantes versículos de la Escritura. Sus cerebros son como cemento blando, y los versículos que aprendan quedarán grabados en sus corazones para siempre.

Una manera fácil de ayudarles a memorizar un pasaje es escribir una versión en una tarjeta y después buscar oportunidades de repetirla, frase por frase, a sus hijos. De camino en el auto hacia la escuela o cuando están sentados en la mesa para desayunar son oportunidades perfectas para que trabajen juntos en su versículo. Incluso puede convertir el proceso en un juego. Un estupendo versículo donde comenzar es Filipenses 4:13: "Todo lo puedo en Cristo que me fortalece".

Cuando los niños estén batallando con dudas o tentación, el Espíritu Santo puede usar sus propias palabras, que ellos habrán memorizado, para fortalecer su fe y su resolución.

Enseñarles a orar

Llevar a sus hijos a la presencia de Dios mediante la oración es un privilegio indescriptible. Enseñarles a orar también le da la oportunidad de mostrarles otra manera de honrar al Señor.

Las comidas y los momentos de irse a la cama son tiempos ideales para la oración. Mediante su propio ejemplo, enseñe a sus hijos a declarar palabras de afirmación y gratitud a Dios. Cuanto más pequeño sea el niño, más probable es que le dé gracias a Dios por cosas inusuales, como la rana que hay en el arroyo o una nueva caja de cereales para el desayuno. Eso está bien; a medida que vaya creciendo, más significativos se volverán esos "agradecimientos".

También enseñe a su hijo a aprender a pedir perdón por acciones específicas. Al confesar su propio pecado, su hijo comenzará a entender la verdad del perdón de un Padre celestial amoroso.

Entonces invite a su hijo a llevar sus peticiones al Dios del universo, quien escucha con atención. Al igual que su lista de "agradecimientos", puede que tenga una larga lista de peticiones cada día ("Bendice al barrendero, bendice mis muñecos, por favor ayuda a mi equipo a que gane mañana…"). De nuevo, eso está bien. Su hijo está aprendiendo a confiar en que Dios suplirá sus necesidades.

Finalmente, ayude a su hijo a concluir la oración dando gracias a Dios una vez más.

La mejor manera de que su hijo aprenda a orar es que le escuche a orar a usted con él y por él. Permita que le escuche expresar palabras de adoración, confesar sus pecados, hacer peticiones concretas, y entonces darle gracias a Dios otra vez por escuchar y responder.

Conversación en la mesa

Una gran parte de transmitir su legado a sus hijos se encontrará en los momentos comunes…como la conversación en torno a la mesa.

Una buena manera de arrancar una buena conversación

en torno a la mesa es con dos preguntas: "¿Qué fue lo más feliz que te sucedió hoy?", y: "¿Qué fue lo más triste que te sucedió hoy?". Esto siempre evoca una charla familiar interesante. Es una buena manera de hacer que los niños participen en la discusión.

Otra manera de enfocar la charla familiar con sus hijos es preguntarles: "¿Qué te dijo Dios hoy?". Esta es una *estupenda* idea. Imagine cómo sus hijos podrían mantener sus ojos y sus oídos atentos a la actividad de Dios en sus vidas durante el día, anticipando el momento en que puedan dar un reporte a su familia.

Cantar juntos

Durante miles de años, los seguidores de Cristo han celebrado su amistad con Dios mediante el canto de himnos y cantos espirituales. Profundas letras acopladas hermosas melodías han proporcionado enseñanza, consuelo y esperanza a millones de creyentes en todo el mundo durante siglos. También son una manera estupenda de enseñar a sus hijos las verdades de la fe cristiana.

Y desde luego, cada domingo en la mañana afirmamos con otros creyentes nuestra fe en Jesucristo mediante el canto de himnos y cantos de alabanza. Cantar juntos ha desempeñado un papel vital en la fe cristiana, y la música es una manera natural de poder enseñar a sus hijos una sana teología.

Después de que su familia cante junta un himno dos o tres veces, se sorprenderá de lo rápidamente que sus hijos lo habrán memorizado. Poco después les oirá cantando la letra ellos mismos. Usted sabrá que las palabras están penetrando en su corazón y edificando su carácter. Imagine la pura delicia de transmitir el amor por los himnos a sus hijos y que ellos a su vez lo transmitan a sus hijos. ¿Puede imaginar lo divertido de escuchar a su nieta de dos años cantar mientras se lava las manos: "Qué puede lavar mi pecado"?

"Solo de Jesús la sangre".

Involucrarse en una iglesia local

Otra manera en que puede enseñar a sus hijos a amar y honrar a Cristo es llevándolos a la iglesia cada semana. Hay cierto tipo de éxtasis en cantar juntos como familia y adorar al Dios que aman. Su hijo oye su voz al cantar y orar, y eso crea un vínculo con Cristo, su familia y con usted.

La iglesia es el lugar donde usted y sus hijos pueden obtener un conocimiento más profundo de la Palabra de Dios en la escuela dominical y en grupos pequeños de estudio bíblico. Cuando sean más mayores, sus hijos pueden apuntarse a un viaje misionero donde la obra de Dios en el mundo pueda tener un agudo enfoque.

Su iglesia está llena de otros adultos con quienes sus hijos establecerán amistades. Durante esos momentos en que usted y sus hijos no estén conectando tan bien como deberían, esos "adultos libres" afirmarán lo que usted ha enseñado sus hijos. Ayudarán a mantener a sus hijos firmemente establecidos en su caminar con Cristo.

Como "casa" cuando usted jugaba a las escondidas de niño, su iglesia es un lugar seguro, una fortaleza realmente, que ha permanecido firme contra siglos de todo tipo de guerra espiritual, tanto visible como invisible.

Jesús dijo: "…sobre esta roca edificaré mi iglesia, y el poder de la muerte no la conquistará" (Mateo 16:18, NTV).

Eso suena a un buen lugar para que usted y sus hijos estén, ¿no es cierto?

Transmitir su fe

La mejor manera de comenzar una conversación acerca de la necesidad de su hijo de recibir el regalo de la gracia de Dios es hablarle acerca de su propio viaje de fe. También puede recordarle:

- Lo grande y bueno que es su Padre celestial...lo mucho que Él le ama;

- Lo mucho que necesita que Jesús le perdone por cosas que él hace y que le desagradan a Él;

- Que la muerte de Jesús en la cruz y la resurrección del sepulcro le salva de su pecado y del poder de Satanás sobre él, y le lleva a una amistad de por vida con Dios; y

- Que Dios le ama tanto que quiere escribir su corazón y llevarle al cielo cuando muera.

Orar para recibir a Cristo

Aunque no podemos aceptar la salvación *por* nuestros hijos, podemos ayudarles a entender cómo agarrar la salvación una vez que reconocen su necesidad de Cristo y expresan su deseo de acudir a Él. Algunos padres llevan a sus hijos a hacer paso a paso una oración parecida a la siguiente:

Querido Padre celestial. Gracias por amarme. Sé que soy un niño pecador y necesito que me salves. Gracias por morir por mí y por resucitar de la muerte. Recibo tu regalo de perdón; gracias por tu promesa de vivir en mi corazón durante el resto de mi vida. Y gracias por escucharme cuando hablo contigo y por la promesa de que me llevarás al cielo cuando muera. Amén.

Ya sea que les ayude con las palabras o les dé suficiente información para que ellos puedan acercarse a Cristo con su propia oración, lo importante es que sinceramente expresen palabras de gratitud, arrepentimiento, el reconocimiento de la gracia de Dios y aceptación y gratitud por sus promesas.

Celebrar la salvación de sus hijos

Si la salvación es lo bastante importante para Dios que les pida a sus ángeles que hagan una fiesta, usted puede hacer lo mismo. Considere celebrarlo cuando su hijo acuda a Jesús…haciendo una llamada telefónica para decírselo a los abuelos o a un amigo cristiano especial; comprando una Biblia nueva y escribiendo el nombre de su hijo y una "fecha de nuevo nacimiento" en ella. Puede que quiera permitir que su hijo escoja un lugar especial en la mesa, o su plato favorito en casa. Esas son maneras de hacer que la experiencia sea memorable, apartándola cómo hace con el cumpleaños físico de su hijo.

Igual que los ángeles hicieron cuando el pastor encontró a su oveja perdida, cuando la mujer encontró su moneda perdida, y cuando el padre que esperaba dio la bienvenida su hijo perdido, usted puede regocijarse porque el *perdido* ha sido *hallado*. ¡Esa es razón suficiente para celebrar!

APÉNDICE 2

Historias para dejar su legado

La investigación ha demostrado que lo más importante que un padre o una madre puede hacer para ayudar a su hijo a adquirir lenguaje, preparar a su hijo para la escuela, y también infundir amor al aprendizaje en su hijo es la lectura. A continuación hay diez historias que puede leer en voz alta a sus hijos para ayudarles a entender mejor lo que significa que Cristo sea su Salvador y Amigo.

La historia de una niña

Mi nombre es Sra. Wolgemuth. Puedes llamarme Sra. Bobbie, como me llaman los niños en nuestro barrio. Soy una abuela que tienen nietos como tú, y conozco a una niña que me ha pedido que te cuente su historia pero le gustaría mantener su nombre en secreto. Puedes estar seguro de que cada parte de su historia es verdadera, porque ella quería que sepas lo que le sucedió cuando tenía solamente ocho años.

Voy a comenzar diciéndote que esta pequeña niña tenía todo lo que la mayoría de niños soñarían con tener. Su papá era un rico médico y con frecuencia llevaba a su casa maravillosos regalos y juguetes para su hija. Y su mamá era una hermosa mujer que llevaba ropa bonita y joyas preciosas. Esta niña vivía en una gran casa de ladrillo rojo y también iba a nadar, jugar al tenis o montar en bicicleta siempre que quería. Una niñera inglesa muy correcta se ocupaba de la niña y de sus hermanas durante la semana mientras su madre estaba asistiendo a fiestas de té, pases de moda y otros eventos especiales. Los domingos, todos en la familia dormían hasta tarde excepto su papá, que jugaba al golf en el club cercano.

La mayoría de personas dirían que la niña de ojos color avellana era una niña bastante agradable, con mucho talento. Tomaba lecciones de piano y le gustaba tocar para las amigas de su madre. Y aunque tenía lo que la mayoría de personas llamarían una vida muy agradable, esta niña me dijo que con frecuencia se sentía muy vacía en su interior. A veces incluso pensaba en hacer cosas malas cuando nadie estaba mirando, como el día en la escuela en que decidió emplear palabras realmente malas, y gritar cosas feas a una compañera de clase cuando la maestra no estaba escuchando. Sí, esta niña me dijo que actuaba muy bien delante de los adultos, pero en su corazón tenía sentimientos odiosos y feos y era muy egoísta.

Una de las mejores cosas que esta niña recuerda de su vida de pequeña es que una familia de ángeles vivía al otro lado de la calle. Digo ángeles porque así es como la niña misma les llamaba. Sus nombres verdaderos eran Sr. y Sra. Lay: Homer y Libby. Ellos tenían una hija llamada Marta, y la niña dice que era el ángel más brillante de todos. Porque incluso cuando se encontraba a esa vecina malcriada, Marta era amable y jugaba con ella. Aunque Marta no tenía tantos juguetes ni vestidos bonitos como su vecina, *había* algo que Marta tenía que hacía que la pequeña quisiera ir a la casa de Marta siempre que podía. ¿Quieres saber lo que era?

Bueno, había tanto amor en la casa de Marta que se

derramaba sobre todo aquel que entraba por la puerta. Su madre normalmente saludaba a los niños del barrio con una sonrisa, un abrazo, y un: "Bienvenidos, niños; entren, por favor". Entonces la Sra. Lay se sentaba con los niños del barrio y hablaba y hacía preguntas sobre cómo les había ido el día. A veces les dejaba sostener en brazos a la nueva bebé llamada Ana. Cerca del final de las visitas, todos pasaban al piano marrón que había en un rincón del cuarto de juegos y cantaban algunos cantos especiales.

La niña que me contó la historia dijo que en la noche cuando estaba sola en su cama, pensaba en esa familia que vivía al otro lado de la calle. ¿Por qué se sentía tan especial allí? Se preguntaba qué hacía que la familia de Marta fuese tan diferente a la suya. Pensaba en las palabras de los cantos que había cantado en su casa. Había algo en esos cantos que hacían que se sintiera feliz por dentro, como si un ángel hubiera llegado a visitarla.

La niña le preguntó a Marta por el maravilloso sentimiento que había en su casa, y Marta le dijo a la niña que se debía a que alguien muy especial vivía en su casa. Su nombre era Jesús.

La niña se preguntaba por qué Jesús había ido a la casa de Marta pero no a la suya. Le gustaría que Él fuese a vivir también a su casa. La niña recordaba que su abuela le había enseñado a orar, así que decía sus oraciones y esperaba que ángeles le visitaran en su casa mientras dormía.

Cada domingo en la mañana, la familia de Marta se subía a su auto y se dirigían a la iglesia. Un domingo, la niña y sus hermanas fueron invitadas a ir con ellos. Emocionadas como pequeñas mariposas, las niñas se pusieron sus vestidos más bonitos y se metieron en el asiento trasero cerca de Marta para ir con ellos. *Quizá este será el lugar donde encontrar a Jesús*, esperaba la niña.

Dentro del edificio de la iglesia, salían sonidos hermosos del órgano, y todos se pusieron de pie para cantar como un solo coro. El sonido era tan maravilloso que la niña pensó que debía de estar en el cielo. En la escuela dominical escuchó a la maestra y decidió con seguridad que Jesús vivía allí en esa iglesia también. *Pero ¿cómo podía llevarle a casa con ella? ¿Cómo podía hablar a su mamá y su papá sobre los ángeles?*

Más adelante ese día, otra vez en el barrio, la Sra. Lay estaba sentada en el porche con la niña y sus hermanas. "Me alegra que les gustara la iglesia", dijo con una sonrisa. "¿Cuál fue su parte favorita?".

"Bueno, mi maestra me dio un abrazo y me regaló mi propia Biblia", dijo la niña. "Y ella dijo que Jesús puede vivir en el corazón. Pero no sé si Él quiere venir a *mi* corazón".

La niña hizo muchas preguntas, hasta que finalmente la Sra. Lay dijo: "¿Te gustaría invitar a Jesús a que viva en tu corazón? Si le pides que entre, puedes estar segura de que lo hará. Él quiere ayudarte a que llegues a ser la persona que Él te creó. Yo oraré contigo si quieres".

La niña dijo enseguida: "Oh, eso que me gustaría mucho. Pero ¿qué de todas las cosas odiosas y feas que he dicho y hecho?".

"Esa es exactamente la razón de que Jesús muriera en la cruz", dijo la Sra. Lay. "Todos hemos hecho cosas feas en nuestros corazones que necesitan ser perdonadas. Jesús te hace una persona totalmente nueva por dentro. Entonces Él te ayuda a que le obedezcas".

En ese momento, los ángeles debieron de haber estado bailando por todo el barrio, porque la niña *sí* oró y pidió a Jesús que la perdonase. No esperó ni un minuto más. Le pidió que entrase y viviese en su corazón y que hiciese que su casa fuese como la de Marta.

Algo sucedió que hizo que la niña se sintiera muy contenta. Ella te diría que después de aquello siguió sin ser perfecta, pero *sí* tenía un nuevo amigo llamado Jesús para ayudarla. Leía su nueva Biblia y trataba de aprender todo lo que pudiera. Ese mismo día, la niña llevó a Jesús a su casa con ella, y todos los demás pronto notaron que era más feliz y más amable de lo que había sido nunca. Cada día se arrodillaba cerca de su cama y oraba para que Jesús llenase su corazón y su casa con su amor. Y Él lo hizo.

La niña quiere que sepas que Jesús puede vivir también en tu casa. Él es el mejor amigo que se puede tener, porque está contigo todo el tiempo. Él te ayuda a hacer lo que es agradable y amoroso, como si viviera dentro de tu corazón, y puede cambiar toda tu familia. La niña que me contó la historia espera que tú ores y le pidas a Jesús que perdone tus pecados y viva en tu corazón…y también en tu casa. Ella también espera que ores por tu familia y por los niños de tu barrio. Y la niña dijo que está contenta de que ahora conozcas su historia.

A propósito, si te estás preguntando cómo sé tantas cosas sobre esta niña, creo que es momento de decírtelo. Mira, yo soy ahora una abuela, pero fui aquella pequeña niña hace mucho tiempo.

Sra. Bobbie

La historia de un niño

Mi nombre es Lucas y tengo seis años. No hace mucho tiempo, mi familia celebró un día especial para mi hermano, Isaac, y quiero hablarte de eso.

Isaac tiene cuatro años y va a la guardería dos días por semana. Un día, su maestra pidió a los niños que hicieran letras del alfabeto recortadas en casa y las llevasen a la escuela para un proyecto. Yo vi a mi mamá ayudar a Isaac a recortar sus letras en la mesa de la cocina. Por cada letra, Isaac pensaba en una palabra que comenzase con esa letra. Cuando llegaron a la letra *J*, Isaac dijo: "*J* de Jesús".

"Muy bien, Isaac", dijo mi mamá. "Algún día espero que invites Jesús a vivir en tu corazón".

Isaac se quedó callado por un momento, y entonces dijo: "Quiero invitar a Jesús a mi corazón hoy, mamá".

Mi mamá preguntó a Isaac si sabía lo que significaba invitar a Jesús a su corazón. Él dijo que no estaba seguro, así que ella agarró unos pedazos de papel coloreado para explicarlo. Escogió cinco colores: dorado, negro, rojo, blanco y verde. Te diré lo que significa cada color.

El dorado representa a Dios y el cielo, que es el hogar de Dios. La Biblia dice que en el cielo las calles están hechas de oro y que no hay nadie enfermo allí y nadie muere nunca. Dios es santo y perfecto, y creó el cielo y la tierra. Y Dios nos creo a ti y a mí. Él nos ama y quiere que vivamos con Él en el cielo algún día.

El negro es como la oscuridad del pecado. Pecado es cualquier cosa que pone triste a Dios: cosas que yo pienso o hago que hacen daño a otros, como ser egoísta o pegar a mi hermana. El pecado en mi corazón es el que me hace decir mentiras y decir cosas feas. La Biblia dice que todos pecan. Mi pecado me aleja de Dios, pero Dios me ama incluso cuando hago cosas malas. Y Él quiere darme un corazón limpio y nuevo que no tenga pecado en él.

El rojo es la sangre de Jesús. Dios envió a su Hijo Jesús a

ser castigado por mi pecado. Jesús murió en una cruz, pero al tercer día Dios le trajo a la vida otra vez.

El blanco es el color de la nieve, y es así de limpio como puede estar en mi corazón. Necesito decirle a Jesús que lamento mi pecado y creo que Él murió por mí.

El verde es el color de la hierba, de los árboles y de las cosas que crecen. Me recuerda que necesito crecer para amar a Dios cada vez más. Después de pedir a Jesús que perdone mi pecado, mi amor por Dios puede crecer y hacerse fuerte. Yo puedo seguir creciendo al aprender sobre Dios en la Biblia y al ir a la iglesia y orar.

Cuando Isaac pidió a Jesús que entrara en su corazón, hizo una oración especial. Mi mamá decía unas palabras y después Isaac las repetía. Recuerdo haber orado así cuando yo invité a Jesús a entrar en mi corazón. Esta es la oración que mi mamá ayudó a Isaac a hacer:

"Querido Dios, gracias por amarme tanto. Gracias por enviar a Jesús a morir por mí y a quitar mi pecado. Sé que tengo pecado en mi corazón. Por favor, perdona mi pecado. Quiero hacerte feliz. Quiero que mi corazón esté tan limpio y blanco como la nieve. Por favor, entra en mi corazón y ayúdame a amarte más cada día. Amén".

Debido a que Isaac invitó a Jesús a entrar en su corazón, tuvimos una celebración familiar. Fue como lo que hicimos cuando mi hermana y yo invitamos a Jesús a entrar en nuestros corazones. Todos en mi familia le dan mucha importancia, porque papá y mamá dicen que es como un cumpleaños. La persona escoge lo que quiera para cenar. Yo elegí pizza, sin champiñones, en mi día especial; Isaac dijo que quería salir a comer una hamburguesa con queso. Llamamos a los abuelos por teléfono y más adelante compramos una Biblia nueva.

Ahora todos en mi familia son cristianos. A veces, mi papá en la cena nos pregunta: "¿Qué les dijo Dios hoy?", y cada uno dice lo que piensa que Dios le dijo en su corazón. Un día, yo tenía un nuevo juego de LEGO. Durante todo el día pensaba en ese LEGO. Cuando llegó mi turno de responder a la pregunta de mi papá, les dije a todos: "Dios quiere que ame más a Jesús que a mi LEGO".

Dios siempre me ayuda a tomar buenas decisiones y a amarle a Él más que a ninguna otra cosa. Él puede ayudarte a ti también.

¿Quién hizo las tormentas?

¿Qué haces durante las tormentas, el tipo de tormentas con ruido que iluminan el cielo y hacen temblar las ventanas? ¡Búm! ¡Búm! ¡Búm! resuena la tormenta. Suena como si hubiera disparos justamente fuera de tu casa. Los relámpagos brillan como fuegos artificiales.

Una vez, había algunos niños que pensaron en un plan para evitar estar asustados durante las tormentas. Cuando comienza a formarse la tormenta, todos se juntan dondequiera que estén, ya sea en el sofá o en la cama más grande de la casa, y se "acurrucan" hasta que termine la tormenta. Con los primeros sonidos de los aterradores truenos y relámpagos, alguien dice: "Vaya, ¡es momento de acurrucarse!". Entonces todos corren hacia el círculo de abrazos. Todos los niños tienen una mano que agarrar y alguien de quien estar cerca mientras observan y escuchan la tormenta que hay fuera.

La Biblia nos dice quién hizo los cielos de donde provienen las tormentas. Dios los hizo. Dios es aquel que creó todo en los cielos y la tierra. Él es el Señor Dios todopoderoso, el Creador del cielo y de la tierra. La Biblia dice que Dios envía su potente voz y que su poder está en los cielos (ver Salmos 68:33). Y al igual que nuestros amigos que se acurrucan durante las tormentas, Dios también nos abraza tiernamente con su amor (ver Deuteronomio 33:26-27). ¡Qué increíble Dios es Él!

Dios vive en el cielo, y además de ser muy poderoso, es también perfecto. Hay una palabra que significa "perfecto". Todos los ángeles en el cielo la utilizan una y otra vez mientras cantan sobre Dios. Ellos dicen "¡Santo! ¡Santo! ¡Santo!" y hacen todo lo que Dios les dice que hagan. Dios quiere que tú y yo sepamos lo grande y bondadoso que es Él. Quiere también que le mostremos reverencia. Eso significa mostrar respeto por Él y obedecerle debido a lo perfecto, poderoso y bueno que Él es.

Hay un himno muy especial que nos ayuda a cantar acerca de nuestro Dios perfecto y maravilloso. Cuando cantamos "¡Santo! ¡Santo! ¡Santo!", utilizamos las mismas palabras que los ángeles utilizan para decirle a Dios lo poderoso que Él es.

Podemos hablar con Dios en voz alta o en silencio en nuestro corazón, y decirle que Él es poderoso y perfecto. Podemos darle gracias por todo lo que Él ha creado y recordar que nos ama. Es parecido a correr hasta tu papá o mamá en una tormenta. Cuando hablas a Dios sobre su amor por ti y tu amor por Él, es como si te estuvieras acurrucando con Él. Quiere que sepas que Él es fuerte y puede mantenerte seguro.

La próxima vez que oigas truenos o veas relámpagos, o mires al hermoso cielo después de la tormenta, recuerda al Señor todopoderoso que lo creó todo. Recuerda que Él es santo y que te ama mucho.

El regalo de la vida

¿Sabías que hay más de cinco litros de sangre dentro de tu cuerpo? Eso es mucho. Desde luego, tú y yo no pensamos en nuestra sangre porque no podemos verla... es decir, hasta que nos caemos y nos raspamos la rodilla. Ponemos una tirita en ese lugar hasta que se cura.

La sangre transporta cosas buenas, llamadas oxígeno y nutrientes, dentro de nuestro cuerpo para mantenernos sanos. A veces, las personas se ponen muy enfermas porque su sangre es débil. Necesitan buena sangre para ayudarles a ponerse bien. Pero ¿dónde pueden conseguir esa sangre buena?

Con frecuencia, cerca de algún hospital hay un edificio con una gran cruz roja pintada en la pared. Es un lugar donde las personas pueden donar parte de su sangre para que pueda ser utilizada para pacientes enfermos. (No te preocupes. Cuando las personas donan sangre, su cuerpo produce más).

Las personas que pasan por el edificio de la Cruz Roja puede que vean un gran cartel que dice: "Da a alguien el regalo de la vida". El hospital quiere que todos sepan que las personas que han sido heridas o que están enfermas necesitan sangre buena. Solamente la sangre que esté limpia y libre de enfermedades puede ponerse a los pacientes en el hospital. Con una sangre nueva y sana, el cuerpo de una persona enferma puede batallar contra la enfermedad y mejorar.

Aunque la mayoría de personas tienen sangre sana, el corazón de todos está lleno de pecado. Es como si nuestro corazón estuviera enfermo. Nuestro corazón es la parte de nosotros que piensa, y siente, y decide hacer lo bueno o lo malo. La Biblia dice: "por cuanto todos pecaron, y están destituidos de la gloria de Dios" (Romanos 3:23). Por eso todos necesitan poderosa sangre sanadora para hacer que su corazón sea limpio y sano, y perdonado por Dios.

Hay un maravilloso canto que hace la pregunta: "¿Qué me puede dar perdón?". La respuesta que el canto da es: "Sólo de Jesús la sangre". Cuando Jesús murió en la cruz, entregó su perfecta sangre para que todos pudieran ser limpios de pecado. La Biblia dice: "sin derramamiento de sangre no se hace remisión" (Hebreos 9:22).

¿Recuerdas el cartel de la Cruz Roja que decía "Da a alguien el regalo de la vida"? Jesús es el único que puede perdonar nuestros pecados y dar el regalo de la vida *eterna*. Lo da a toda persona que cree en Él. Jesús dijo: "yo he venido para que tengan vida, y para que la tengan en abundancia" (Juan 10:10). Él dio su sangre en la cruz para hacernos nuevos y mantenernos lo bastante fuertes para seguirle incluso cuando sea difícil.

Debido a que Jesús regresó a la vida después de haber muerto en la cruz, nosotros también regresaremos a la vida después de morir. Entonces, viviremos con Él en el cielo. Este es el regalo de la vida eterna. Jesús dijo: "Mis ovejas oyen mi voz, y yo las conozco, y me siguen, y yo les doy vida eterna; y no perecerán jamás, ni nadie las arrebatará de mi mano" (Juan 10:27-28). Puedes estar seguro de que tienes vida eterna cuando crees en Jesús y le pides que deje limpio tu corazón con su sangre perfecta. Y Él nunca te dejará.

La próxima vez que veas una cruz en un edificio, o en una joya, o en cualquier otro lugar, recuerda que Jesús es el único que puede dar el regalo de la vida eterna. El canto "¿Qué me puede dar perdón?" dice la verdad. Al igual que el hospital sabe que necesitas sangre buena para vivir en esta tierra, Dios sabe que solamente la sangre de Jesús puede hacer posible que vivamos para siempre en el cielo.

El día más feliz de todos

Jesús sabía que tenía un trabajo importante que hacer para Dios, su Padre celestial. Sabía que iba a morir por los pecados de todas las personas en el mundo para que ellas pudieran vivir con Dios algún día. Eso era difícil de creer para sus amigos, y por eso Él les decía una y otra vez que no tuvieran miedo, sino que confiaran en Él. Él dijo: "No se turbe vuestro corazón; creéis en Dios, creed también en mí" (Juan 14:1).

Jesús también les dijo a sus amigos que después de que Él muriese, no se quedaría muerto. Él sabía que volvería otra vez a la vida. Dijo que cualquiera que crea en Él también vivirá otra vez en el cielo. Él no quería que sus amigos se preocuparan. Jesús dijo: "No os dejaré huérfanos; vendré a vosotros. Todavía un poco, y el mundo no me verá más; pero vosotros me veréis; porque yo vivo, vosotros también viviréis" (Juan 14:18-19).

Después de que Jesús murió en la cruz, su cuerpo fue puesto en un sepulcro. Era como una cueva en el interior de una gran roca, y se llamaba tumba. Los discípulos estaban muy tristes porque su mejor amigo, Jesús, había muerto. Olvidaron que Jesús había dicho que regresaría a la vida. Probablemente fue porque ellos no entendían, de modo que no creían realmente en Él. Cuando un cuerpo está muerto, no parece que pueda volver a vivir otra vez.

Pero Jesús regresó a la vida. Eso se llama la resurrección de Jesús, ¡y fue el día más feliz de todos! Sucedió una mañana del domingo hace mucho tiempo. La tierra tembló con una fuerza mayor que un potente terremoto. Jesús salió de la tumba, ¡vivo! Un ángel resplandeciente les dijo a algunos de sus amigos que no se preocuparan. El ángel dijo: "No temáis vosotras; porque yo sé que buscáis a Jesús, el que fue crucificado. No está aquí, pues ha resucitado, como dijo" (Mateo 28:5-6).

La mayoría de los amigos íntimos de Jesús estaban reunidos en una casa ese domingo. En la noche, Jesús les sorprendió y se puso en medio de la habitación. Estuvo allí mostrando a sus amigos que estaba vivo. Ellos no podían creerlo. Jesús les dijo que mirasen sus manos y sus pies para que supieran que realmente era Él. Comió algunos alimentos para que ellos supieran que no era un fantasma. Él era real, ¡y estaba realmente vivo!

Todos comenzaron a hablar a sus amigos de la resurrección. Fue así como la fe cristiana comenzó a extenderse por todo el mundo. Antes de que Jesús regresara al cielo, les dijo a sus amigos que siguieran dando a conocer a las personas que Él estaba vivo y que nunca les abandonaría. Él dijo: "Por tanto, id, y haced discípulos a todas las naciones, bautizándolos en el nombre del Padre, y del Hijo, y del Espíritu Santo; enseñándoles que guarden todas las cosas que os he mandado; y he aquí yo estoy con vosotros todos los días, hasta el fin del mundo" (Mateo 29:19-20).

El domingo, el primer día de la semana, es el día en que Jesús volvió a la vida. Por eso tantas iglesias realizan servicios los domingos. Vamos para celebrar la resurrección de Jesús. Jesús vive. Por eso leemos la Biblia y oramos en el nombre de Jesús. Sabemos que Él está vivo y nos escucha.

Podemos hablar a nuestros amigos sobre el poder de Dios y la resurrección. Podemos decirles que ellos pueden vivir para siempre en el cielo con Jesús.

Sí, ¡fue el día más feliz de todos cuando Jesús regresó a la vida otra vez!

Perdido y encontrado

¿Alguna vez has estado perdido y no sabías qué hacer? Es muy triste estar perdido. Una vez, había un niño que estaba cerca de un mostrador en una tienda rodeado por multitud de ocupados clientes. Tenía el cabello castaño y unos cinco años de edad. Grandes lágrimas corrían por sus mejillas mientras estaba de puntillas buscando a su mamá. No podía verla por ninguna parte. Sin intentar comportarse como un valiente, el niño comenzó a llorar con tanta fuerza que varios clientes se dieron cuenta y se inclinaron para hablar con él.

"¿Cómo te llamas?", le preguntó una amable señora. Desde luego que él sabía su nombre, pero estaba llorando tanto que no podía hablar. Estaba perdido y no sabía qué hacer.

Justamente entonces, la mamá del niño se abrió camino entre la multitud diciendo: "¡Ah, aquí estás! ¡Te estaba buscando, Conner! Te he estado buscando por todas partes". Conner se agarró fuerte al cuello de su mamá mientras ella le abrazaba. Se dibujó una gran sonrisa en su cara. Y no fue necesario nada de tiempo para que las lágrimas de Conner desaparecieran después de ese gran abrazo.

Entonces Conner agarró la mano de su mamá, y salieron juntos de la tienda. El pequeño estaba tan contento de estar con su mamá que decidió que agarraría su mano y no volvería a alejarse para ver nada, a pesar de lo interesante que pareciera. Se quedaría al lado de su mamá y se aseguraría de seguirla dondequiera que ella fuese.

Jesús es muy parecido a la mamá que llegó para encontrar

a Conner. Jesús ama a sus hijos y no quiere que se pierdan. Quiere que sus hijos están cerca de Él todo el día y toda la noche. Él vino a buscarte para decirte que te ama y que quiere que estés cerca de Él en tu corazón. Puedes tomar la decisión de aferrarte a cada palabra que Él dice en la Biblia. Puedes decidir seguirle cada día creyendo que Él es el Hijo de Dios y haciendo lo que agrada a Dios. Con las palabras de Dios en tu corazón, recordarás qué hacer, cómo actuar y qué decir.

Llegar a conocer a tu nuevo amigo

Cuando te encuentras con nuevos amigos, ¿cómo llegas a conocerlos? La mejor manera es pasar tiempo con ellos. Si un nuevo amigo te escribiese una carta, la leerías una y otra vez y pensarías en ella, ¿verdad? Cuando invitas a Jesús a que sea tu nuevo amigo, querrás saber todo acerca de Él. Querrás tener tu propia Biblia, una maravillosa carta de Dios que te ayudará a llegar a conocer quién es Dios y cómo es Él.

La Biblia explica todo sobre Dios y su Hijo, Jesús. Te dice que Él creó el mundo y te hace saber por qué te creó y lo mucho que te ama. La Biblia enseña lo que es correcto y nos dice cómo mantenernos alejados de cosas que hacen infeliz a Dios.

Hay muchos libros en la Biblia: ¡tiene sesenta y seis! Está dividida en dos partes: el Antiguo Testamento y el Nuevo Testamento. Algunos libros te cuentan historias de personas. Hubo muchas personas que vivieron para Dios e hicieron grandes cosas; pero algunas personas no vivieron para agradar a Dios, y sus historias son muy tristes. Otros libros están llenos de poesía, cantos, oraciones e instrucciones de Dios. Y otros contienen mensajes especiales de

Dios para su pueblo. Las historias sobre Jesús, tu nuevo amigo, comienzan en el Nuevo Testamento.

Ya que quieres llegar a conocer a Dios, puedes estudiar la Biblia un poco cada día. Puede que decidas comenzar leyendo el Evangelio de Juan.

Siempre que leas un párrafo o un versículo en la Biblia, ayuda si haces dos cosas: (1) pedir a Dios que te ayude a entender su carta para ti; (2) detenerte y pensar sobre lo que acabas de leer.

A veces ayuda hacerte dos preguntas que comienzan con *Qué*: (1) "¿Qué dice esto?" y (2) "¿Qué significa para mí?". Es así como escuchas la voz de Dios. Es bueno pensar en las palabras unos minutos después de leerlas. Puedes pedir a Dios que hable a tu corazón por medio de las palabras que has leído.

Hay hermosos cantos que hacen que las palabras de Dios den vueltas y vueltas en tu mente. Esas palabras te ayudarán a recordar y a querer hacer lo que Dios te dice que hagas. Te gustará el canto "Confiar y obedecer". Es divertido cantar sobre "estar feliz en Jesús".

A medida que leas tu Biblia y cantes los cantos que hayas aprendido, notarás que tienes un sentimiento interior de felicidad en tu corazón. Eso se debe a que estás pasando tiempo con tu amigo, el Señor Jesús. Él sabe cómo hacerte feliz. Su Espíritu Santo vive en tu corazón y te recordará que Él te ama. Él te dará ideas de cosas que puedes hacer y que agradan a Dios. Te ayudará a decir no a cosas que son dañinas y equivocadas, y sí a cosas que son buenas y correctas. Disfrutarás de una maravillosa amistad y una gran aventura a medida que aprendas a confiar en Dios y obedecerle. Eso es algo por lo que sonreír. ¡Qué gran amigo tienes!

Crecer en el jardín de Dios

¿Has plantado alguna vez una semilla y la has visto convertirse en una planta grande y verde? Es necesaria mucha luz del sol y agua para que la semilla crezca. Pronto aparece un diminuto tallo, y después de un tiempo sale una hoja verde. Las hojas señalan hacia el sol para crecer incluso más fuertes. Las raíces crecen en el interior cada vez más profundamente para beber agua. En cuanto te das cuenta, es una hermosa flor, una verdura sana o una dulce fruta. Si alguna vez has comido una dulce uva o una crujiente manzana, recuerda que comenzó siendo una diminuta semilla.

Cuando tu amistad con Jesús crece, eres como esa pequeña semilla. Después de orar y pedir a Jesús que perdone tus pecados, fue como si fueses plantado en el jardín de Dios. Ahora, poco a poco, crecerás para llegar a ser un fuerte seguidor de Jesús. Esto sucederá a medida que leas o escuches la Palabra de Dios y aprendas a conocerle mejor. Crecerás a medida que vayas a la iglesia y a la escuela dominical. Es ahí donde aprendes sobre Jesucristo y te reúnes con otras personas que le siguen. Crecerás cuando des parte de tu dinero a tu iglesia. Crecerás cuando cantes cantos que mantengan en tu mente pensamientos sobre Dios. Crecerás cada vez que ores y des gracias a Dios por buenos alimentos que comer. Incluso crecerás en la noche cuando hagas tus oraciones. Antes de irte a dormir es un momento estupendo para pensar en un versículo de la Biblia o en las palabras de un canto. Y puedes pedir al Señor que esté contigo toda la noche mientras estás durmiendo.

Una de las cosas maravillosas que Dios quiere que hagas después de convertirte en cristiano es crecer como una fuerte planta que produce un fruto. Cuando lees la Biblia, oras, vas a la iglesia, das de tu dinero y cantas cantos que llenan tu mente de la luz del sol del amor de Dios, sucederán cosas buenas. La Biblia dice que amor, gozo, paz, paciencia, bondad, amabilidad, fidelidad, humildad y dominio propio son como fruto que crece si amas a Jesús y permites que el Espíritu de Dios viva en ti (Gálatas 5:22-23). Cuando otras personas te vean rebosar de buen fruto como ese, sabrán que le has pedido al Señor Jesús que te ayude a crecer en su jardín.

Y hay otra cosa que sucede cuando creces. Cada vez que hablas a tus amigos del amor de Jesús, estarás plantando semillas que pueden crecer y convertirse en buenos cristianos. Eso es lo más divertido de todo. Si ves a un amigo o alguien en tu familia con una pequeña semilla de fe, te hará muy feliz ver que esa persona crece y ama Jesús cada vez más. Te sentirás tan feliz que tendrás ganas de saltar. Así es como Dios planea que crezca su jardín. Él también está contento cuando tu familia y tus amigos crecen para convertirse en fuertes seguidores de su Hijo Jesús.

Jesús quiere que estés cerca de Él. Para estar seguro de que eso suceda, asegúrate de permanecer en la luz del sol del amor de Dios: lee tu Biblia, ora cada día, asiste a la iglesia, sé generoso con tu dinero, canta cantos de alabanza a Dios, y habla a otros acerca de su maravilloso amor. Cuanto más te parezcas al Hijo de Dios, Jesús, más cosas grandes podrás hacer para Dios.

Estar en el equipo de Dios

¿Has ido alguna vez a un partido importante y has escuchado a todos gritar a favor de su equipo? Los seguidores dicen juntos palabras de ánimo especiales como: "Tenemos espíritu, sí, lo tenemos, tenemos velocidad, ¿y tú?". Todos son alentados a ser ganadores cuando jalean juntos.

Jesús y sus seguidores son un equipo. Los primeros cristianos necesitaban algo como palabras de ánimo que pudieran decir. Les ayudaría a recordar que todos estaban en el mismo equipo. También les ayudaría a recordar lo que habían creído. Ellos denominan sus palabras de ánimo el Credo de los Apóstoles. Se llamó un credo porque la palabra *credo* significa "Yo creo".

Los doce hombres que fueron los discípulos de Jesús también son llamados apóstoles. Eso significa que estuvieron con Jesús mientras Él vivió en la tierra, y le siguieron. Aunque tú y yo no hemos visto a Jesús, sabemos que Él está con nosotros porque Él dice en la Biblia que siempre estará con nosotros. Cuando le hemos pedido a Jesús que entre y viva en nuestros corazones, somos como los apóstoles. Seguimos a Jesús al obedecerle y seguir lo que Él nos enseña en la Biblia. Debido a que seguimos a Jesús, podemos "escuchar" su voz hablando a nuestro corazón.

Durante los servicios de adoración, los cristianos en todo el mundo dicen juntos el Credo de los Apóstoles como un recordatorio de lo que todos nosotros creemos sobre Dios, sobre Jesús y sobre el Espíritu Santo. Nos hace sentir fuertes poder declarar lo que creemos. Decir el Credo de los Apóstoles también nos hace sentirnos cerca de cristianos en otros lugares. Cuando lo decimos juntos, es como jalear a Jesús y al resto de nuestro equipo.

Escucha el Credo de los Apóstoles y dilo en voz alta hasta que lo hayas memorizado. Si alguien te pregunta: "¿Qué crees tú?", estas palabras te ayudarán a decir exactamente lo que crees.

*Creo en Dios Padre, Todopoderoso, Creador del cielo y
 de la tierra.*
Y en Jesucristo, su único Hijo, nuestro Señor,
*que fue concebido por el Espíritu Santo, nació de la
 virgen María,*
padeció bajo el poder de Poncio Pilato,
fue crucificado, muerto y sepultado,
descendió a los infiernos,
al tercer día resucitó entre los muertos,
*subió a los cielos y está sentado a la derecha de Dios
 Padre, Todopoderoso.*

Desde allí vendrá a juzgar a vivos y a muertos.
*Creo en el Espíritu Santo, la Santa Iglesia cristiana, la
 comunión de los santos,*
*el perdón de los pecados, la resurrección de la carne y la
 vida eterna. Amén.*

La mejor llamada que puedes hacer

Una de las mejores cosas de tener al Hijo de Dios, Jesús, como tu amigo es que puedes decirle todo, ya sea bueno o malo, y Él siempre te escuchará. Él te ama y siempre tiene tiempo para ti.

Hablar con Dios mediante su Hijo se llama oración. Puedes orar en todo momento y en cualquier lugar, en voz alta o en silencio en tu corazón.

Jesús dijo que todo aquel que cree en Él es un hijo en la familia de Dios. Hay una oración que Jesús enseñó a sus amigos. Él quería que todos en la familia de Dios supiera cómo ponerse en contacto con su Padre celestial en cualquier momento del día o de la noche.

¿Recuerdas cuando tu papá o tu mamá te enseñaron tu número de teléfono? Te dijeron que lo memorizaras para que pudieras llamarles siempre que los necesitaras, o cuando quisieras hablar con ellos.

Un día, los doce discípulos de Jesús le preguntaron cómo podían llamar a Dios, su Padre celestial. Querían que Él les enseñase a orar. Entonces Dios (su Padre también) les escucharía. ¿Sabes cuáles son las palabras? Están en una oración especial llamada el Padre Nuestro. Es una oración que los hijos de Dios han hecho durante cientos de años. Puedes memorizarla y decirla siempre que quieras. Puedes decirla cuando estés junto con la familia de tu iglesia.

El Padre Nuestro es una manera de que te mantengas en contacto con tu Padre celestial. Cuando aprendas esta oración, sabrás de qué tipo de cosas puedes hablar con Dios. Puedes utilizar las palabras en la oración que Jesús enseñó; y puedes orar acerca del mismo tipo de cosas también con tus propias palabras.

Escucha el Padre Nuestro, y pronto lo estarás orando. Estarás llamando a tu Padre celestial y hablando con Él con las palabras que el Hijo de Dios, Jesús, les dijo a sus amigos que orasen.

No necesitaras un teléfono para esta conversación. ¡Vamos adelante y llamemos a nuestro Padre celestial ahora mismo!

———

Padre nuestro que estás en los cielos,
santificado sea tu nombre. Venga tu reino.
Hágase tu voluntad, como en el cielo, así también en la
*   tierra.*
El pan nuestro de cada día, dánoslo hoy.
Y perdónanos nuestros pecados,

porque también nosotros perdonamos a todos los que nos
deben.

Y no nos metas en tentación, mas líbranos del mal.

porque tuyo es el reino, y el poder, y la gloria, por todos
los siglos. Amén.

NOTAS

Capítulo 1: La primera generación

1. Harsh, Joseph L., *Confederate Tide Rising: Robert E. Lee and the Making of Southern Strategy, 1861–1862* (Kent, OH: Kent State University Press, 1998).

Capítulo 2: La segunda generación

1. Harsh, Joseph L., *Confederate Tide Rising: Robert E. Lee and the Making of Southern Strategy, 1861–1862* (Kent, OH: Kent State University Press, 1998).

Capítulo 3: La tercera generación

1. Génesis 32:22–31.

2. Jueces 7.

3. Jonás 1, 2.

4. Chandler, E. Russell, *The Kennedy Explosion* (Elgin, IL: David C. Cook Publishing, 1972).

5. Construido en 1976, Dobson Hall es el hogar de cursos de diseño gráfico de MNU, al igual que de marketing y las oficinas de IT. Este edificio de dos plantas fue originalmente denominado American Heritage Building, pero cuando el presidente fundador del departamento de arte, el Rev. James Dobson, murió de un ataque al corazón ese mismo año, el edificio cambió de nombre en su honor. Dobson Hall contiene un estudio de arte, salones de clase, y profesorado y personal de oficina. Cit: MidAmerica Nazarene University, 2030 E. College Way, Olathe, KS 66062-1899. http://www.mnu .edu/component/content/article/272.html.

Capítulo 4: La cuarta generación

1. Fox News Channel: *Hannity & Colmes*, 9 de octubre de 2007. La entrevista del Dr. Dobson incluye su bien conocida declaración a favor de la vida en sus respuestas a Sean Hannity.

http://www.foxnews.com/story/2007/10/09/exclusive-dr-james-dobson-talks -with-sean-hannity/.

2. Tushnet, Mark. *The Supreme Court on Abortion: A Survey;* Abortion, Medicine, and the Law (Tercera edición: 1986), p. 162.

3. National Right to Life, Abortion History Timeline (1959–1998). http://www.nrlc.org/archive/abortion/facts/abortiontimeline.html.

4. U.S. Historical Documents: Franklin D. Roosevelt's Infamy Speech, 8 de diciembre de 1941. The University of Oklahoma College of Law, Norman, OK. http:// www.law.ou.edu/ushistory/infamy.shtml.

5. U. S. Supreme Court. *Roe v. Wade*, 410 U. S. 113 (1973). FindLaw|Cases and Codes. http://laws.findlaw.com/us/410/113.html.

6. Fr. Shenan Boquet. "Researcher: 1.72 Billion Abortions Worldwide Over Last 40 Years". LifeNews.com. (1 de abril de 2013) http://www.lifenews.com/2013/04/01/ researcher-1-72-billion-abortions-worldwide-over-last-40-years/.

7. Dana Milbank, "The Pro-life Movement Faces a Cold Reality", *The Washington Post* (22 de enero de 2014). http://www.washingtonpost.com/opinions/dana-milbank -the-pro-life-movement-faces-a-cold-reality/2014/01/22/0e414950-83b3-11e3 -9dd4-e7278db80d86_story.html.

Capítulo 5: Lo que todo ello significa

1. 1918 Influenza: The Mother of All Pandemics. Centers for Disease Control and Prevention. Volume 12, Number 1—Enero de 2006. http://wwwnc.cdc.gov/ eid/article/12/1/05-0979_article.htm.

2. The "Black Sunday" Dust Storm of 14 April 1935. National Weather Service, Norman, OK 73072. http://www.srh.noaa.gov/oun/?n=events-19350414.

3. "Amazing Grace! (How Sweet the Sound)" por John Newton (1779). Hymnary.org. http://www.hymnary.org/text/amazing_grace_how_sweet_the_sound.

4. "Find Us Faithful." Copyright© 1987 Birdwing Music (ASCAP) Jonathan Mark Music (ASCAP) (adm. At CapitolCMGPublishing.com) Todos los derechos reservados. Usado con permiso.

Capítulo 6: Mi viaje

1. Libros de Danae Dobson. http://www.goodreads.com/author/list/29237. Danae _Dobson.

2. Ryan Dobson, *Wanting to Believe* (Nashville, TN: B&H Publishing Group, 2014).

3. H. Norman Wright, *In-Laws, Outlaws: Building Better Relationships* (Irvine, CA: Harvest House Publishers, 1977).

4. Michael D. Waggoner, "When the Court Took on Prayer and the Bible in Public Schools", *Religion & Politics* (25 de junio de 2012) http://religionandpolitics .org/2012/06/25/when-the-court-took-on-prayer-the-bible-and-public-schools/. Véase también: U. S. Supreme Court, *Abington School Dist. v. Schempp*, 374 U. S. 203 (1963). http://caselaw.lp.findlaw.com/scripts/getcase.pl?navby=CASE&court=US& vol=374&page=203. Cheryl K. Chumley, "Bible Ban: Wisconsin university system removes book (Gideon Bible) from campus center rooms", *The Washington Times* (16 de enero de 2014). http://www.washingtontimes.com/news/2014/jan/16/wis consin-university-system-bans-gideons-bibles-ca/?utm_source=RSS_Feed&utm_medium=RSS. David Barton, "America's Most Biblically-Hostile U. S. President", WallBuilders (2014). http://www.wallbuilders.com/libissuesarticles.asp?id=106938.

5. Dale Buss, *Family Man: The Biography of Dr. James Dobson* (Carol Stream, IL: Tyndale House Publishers, 2005), p. 66.

6. *Ibíd.*, p. 68.

Capítulo 7: Apologética para niños

1. 1 Samuel 2:12–17, 22–25, 30–34; 3: 11–14; 4: 12–21.

2. James C. Dobson, *Bringing Up Girls* (Carol Stream, IL: Tyndale House Publishers, 2010), p. 9.

3. George Barna, *Transforming Children Into Spiritual Champions* (Ventura, CA: Regal Books, 2003), p. 34.

Capítulo 8: Alcanzar a nuestros pródigos

1. Mateo 18:19.

2. "Tough Love for Kids" (Partes 1, 2, 3), *Dr. James Dobson's Family Talk*, programa de radio diario (Marzo 3, 4, 5, 2014). http://www.drjamesdobson.org/ Broadcasts/ Broadcast?i=30166dab-93d3-43cf-a2ae-2cc698984a51.

3. "Neville Chamberlain Appeasement World War II", VideoWorldOnline.EU (2008). http://www.videoworldonline. eu/video/-CAAqfS8lUQ/neville-chamber lain-appeasement-world-war-ii.html#.U2nZLChjOBI. "Neville Chamberlain", Wikipedia http://en.wikipedia.org/wiki/Neville_Chamberlain.

4. James C. Dobson, *Love Must Be Tough* (Carol Stream, IL: Tyndale House Publishers, 2007).

5. *Ibíd*. http://www.drjamesdobson.org/Broadcasts/ Broadcast?i=30166dab-93d3-43 cf-a2ae-2cc698984a51.

6. The Pinery at the Hill, Colorado Springs, CO 80905. stephanie@thepinery .com Ph. 719-475-2600.

Capítulo 9: Alcanzar a nuestros padres no salvos

1. Tom Brokaw, *The Greatest Generation* (Random House Publishers, 1998). http://www.nytimes.com/books/first/b/ brokaw-generation.html.

2. James C. Dobson, *Bringing Up Boys* (Carol Stream, IL: Tyndale House Publishers, 2001).

Capítulo 10: Las palabras importan

1. Josh McDowell, "Helping Your Kids to Say No", Focus on the Family, 16 de octubre de 1987.

2. *Ibíd*. P. 217.

3. Greg Johnson y Mike Yorkey, *Daddy's Home* (Wheaton, IL: Tyndale House Publishers, 1992), p. 56.

4. Joyce Milton, *The First Partner* (William Morrow and Co. Inc., May 1999). Libro revisado por Cheryl Lavin, "Deconstructing Hillary", *Chicago Tribune*, 25 de abril de 2000. http://articles.

chicagotribune.com/2000-04-25/features/ 0004250032_1_hillar
y-clinton-pop-quiz-first-lady/2.

Capítulo 11: La saga de dos hombres buenos

1. College of Healthcare Information Management Executives
   (CHIME), Ann Arbor, MI 48104-4250. http://www.cio-
   chime.org/chime/boardandstaff.asp?

2. Champion Coach, Greenville, SC 29615. http://www.cham-
   pioncoach.com/ MeetOurTeam.aspx.

3. "Bill Rogers (golfista)", Wikipedia. http://en.wikipedia.org/
   wiki/Bill_Rogers_(golfer).

4. "National Day of Prayer Task Force Men's Prayer Meeting", 26
   de abril de 2013. (FRC University Library.) http://www.frc.org/
   university/national-day-of-prayer -task-force-mens-prayer-mee-
   ting.

5. Ibíd. http://www.frc.org/university/national-day-of-prayer-task-
   force-mens-prayer-meeting.

Capítulo 13: El significado más profundo del legado

1. John Sedgewick, *Rich Kids* (William Morrow & Co., 1985–08).

2. "People" (canción popular), c.1963 & 1964; letra: Bob Merrill;
   música: Jule Styne; publisher: Chappell & Co, Inc. (now
   Warner/Chappell Music).

3. "The Demonic Ape", *BBC Two*, jueves, 8 de enero de 2004, entrevista a la Dra. Jane Goodall. http://www.bbc.co.uk/science/
   horizon/2004/demonicapetrans.shtml.

4. John Dalberg-Acton, 1st Baron Acton, *Letter to Bishop Mandell
   Creighton*, 5, de abril de 1887. Publicado en *Historical Essays and
   Studies*, editado por J. N. Figgis & R. V. Laurence (London:
   Macmillan, 1907).

5. Florence Jones Hadley, "Are All The Children In?", Poetry @
   The Lord's Rain. http://www.raindrop.org/rain/poets/chr17.
   shtml.

Apéndices

1. Robert y Bobbie Wolgemuth, *How to Lead Your Child to Christ* (Carol Stream, IL: Tyndale House Publishers, 2005).